明日への叡智《えいち》

村上和雄 いのちの対話

編集・組版・装丁＊森ひろし

明日への叡智《えいち》——村上和雄 いのちの対話

まえがき

村上　和雄

長年にわたって、私は生命科学の教育と研究の現場を経験してきました。遺伝子研究は二十世紀後半、目をみはる勢いで進展しました。現在ではわずか一日で、ヒトの各個人の全遺伝情報(ゲノム)が十万円程度で解読できます。私どもは多くの遺伝子の暗号解読に成功しましたが、解読技術を駆使して研究していたとき、「遺伝子暗号を書き込んだのはいったい誰か?」と問いかけずにはいられませんでした。

遺伝子情報はデタラメに書き込まれたものではありません。万巻の書物に匹敵する情報が極微の空間に書き込まれ、一秒も休むことなく間違いなく働いています。いわば身体の設計図ですが、これはとても人間業とはいえません。目に見えず、大自然の偉大な力としかいえないこの働きを、私は「サムシング・グレート」と名づけました。

生命科学の現場にいてしみじみ想うのは、生き物のすばらしさです。遺伝子工学という技術を駆使すればヒトのホルモンを大腸菌を使ってつくることができますが、世界中の学者が束になっても大腸菌一つつくることはできません。細胞がどのようにしてできたのか、なぜいまそれが生きていられるのかの根本原理はほとんどわからないのです。これは現代科学の無力性を意味するのではなく、細胞一個が生きていることの驚異性を示しています。

ヒトは約六〇兆個の細胞から成っています。そして、三〇〇から四〇〇種類の働きの異なる細胞が助け合うことで、臓器は正常に働くことができます。この見事な助け合いが無秩序に起こるはずがなく、助け合いを指示する利他的な遺伝子が存在するはずだ。私どもはそう考えました。現にその遺伝子が見つかりはじめています。

自分の力だけで生きている人間は一人もいません。太陽・地球・水、他の動植物や人、そしてサムシング・グレートのおかげで生きています。自分を生かしてくれているすべてのものに感謝し、一日一日を生かされていると思う気持ちを大切にしたいものです。ほんとうに大切なものは目に見えません。愛・心・いのち、そしてサムシング・グレートは、目には見えないけれど確かに存在しているのです。

しかしながら、現代の教育はこのような目に見えないもの、点数化できないものを、あまりにおろそかにしすぎているのではないでしょうか。

サムシング・グレートは、人類が神や仏として有史以来あがめてきたものと関連し、すべての宗教の元に存在するものです。宗教だけでなく、科学・文学・技術の根源にもサムシング・グレートはあります。これを教育の根幹にしっかりと打ち立てることが教育再生の中心課題であると、私は信じて疑いません。このたび教育をめぐって対話してくださった五人の方がたのお話から、私はそのことをいっそう深く確信することができました。

目次

対話1

震災をのりこえる

村上和雄×

外山滋比古

Toyama Shigehiko

●第一対話者　外山滋比古（とやま しげひこ）

英文学者・言語学者・評論家・エッセイスト
大正十二年（一九二三年）愛知県生まれ。東京文理科大学英文科卒。雑誌『英語青年』編集を経て、東京教育大学助教授、お茶の水女子大学教授、同名誉教授、昭和女子大学教授などを歴任。『近代読者論』『エディターシップ』『シェイクスピアと近代』『日本の文章』『異本論』『思考の整理学』など、名著と評されロングセラーとなった数々の著作を手がけてきた。教育論の分野では、お茶の水女子大学附属幼稚園長時代の経験をもとに幼児教育・情操教育についてユニークな思索と提言をおこなっている。全日本家庭教育研究会（全家研）第三代総裁。

人間力が失われた戦後

村上和雄（以下、村上）●このたびの3・11東日本大震災のことからはじめようと思います。第一報に接したとき、これは天からのメッセージではないかと考えました。私は生命科学という分野でおもに遺伝子を追いかけてきました。そのなかで自然の目に見えない不思議な働きというものを感じてきましたので、そう思ったのですね。罰という意味ではなく、天からの悲痛な叫びのようなものではないか、と。

このまま推移すれば、おそらく世界も日本も、環境問題から破綻していくかもしれません。地球では人間だけが存在しているのではなく、多くの生きものと共存しているわけです。ところが私たちはいま、ややもすれば他の動物や、まして資源のような自然の存在を忘れて「人間だけが」「私だけが」という思いにとらわれがちになっている。天災はそんな驕《おご》りに対するメッセージといえるのではないでしょうか。

外山滋比古（以下、外山）●日本人は思いがけない天災を何度も経験してきました。私たちが心のどこかで、自分の力ではどうにもできないものがあることを知っているのは、そのためだと思います。今回の大震災もまったく思いがけないときに突然起こり、そのうえ原発の問題もからんでいる。被災者の方がたは大変な苦しみ、悲しみを経験されています。失ってしまったものを取り戻すことはできませんが、それをのりこえることによって新しい力が生まれ、新しい人生を拓《ひら》くことが可能だと思います。

私自身もこれまでの人生で、地震の災害の苦しみ、苦労を経験しました。そのとき、大切なものはやはり心ではないかと思いました。ですから、被災しなかった人の「がんばって」という言葉には、この試練をぐっと我慢して新しい道を、新しい明日へ向かってほしい、という被災者への気持ちが込められている気がします。「災い転じて福となす」といいますが、福にはならなくとも苦難をのりこえる人間力というものが養われることを期待して、私自身もできるかぎり精神的な応援をしたいと考えています。

村上●今回の震災に接して、日本のために祈ろうという動きが世界中から起こっています。四月二十九日（平成二十三年）にダライ・ラマ十四世が日本に立ち寄られ、犠牲者の四十九日の法要が行われました。チベットやインドでの予定を変更して来日され、日本人のための供養を行う会がありまして、私も出席しました。

法要のあと、ダライ・ラマはこんな主旨のスピーチで日本にエールを送っています。

「チベットは現在、五十年にわたって苦難の道を歩んでいます。しかし私たちはこの苦難を糧に生きてきました。この道を悟りの道にまで高めたいと思っています。日本は六十六年前、太平洋戦争の敗戦で何百万人もの方が亡くなり、おもな都市はほとんど完璧に破壊されました。しかも原爆を二度落とされるという惨憺たる状態でした。いまなら世界からの援助もありますが、あのころは日本を助ける国はどこもありませんでした。そういう悲惨な状況から、わずか六十六年で日本はみごとに立ち直りました。ですから、日本がこの震災から必ず立派に立ち直ることを信じて疑いません。」

今回の震災で私たちに助け合いの心が目覚め、世界が日本を見直したりもしているのですが、これを日本人が自覚的に生きるチャンスにしなければ、犠牲になった方がたに申し訳がない。残された私たちが、この大きな災難の教訓をいかに生かしていくかが重要です。

外山●日本人は戦後、素朴な心を軽んじるようになり、心よりも利益を追求し競争に勝ち

天からの悲痛な叫びのような（村上）
自分の力ではどうにもできないことがある（外山）

たいと欲望に振り回されてきた面があると感じています。

そんなときにあのような大災害が起き、なんとかして立ち上がろう、立ち上がってほしいと願う純粋な気持ちを呼び起こされました。大きな不幸をのりこえようというこの気持ち、精神のあり方、これこそが人間力であり、たいへん大切なものだと思います。たんに利益を得ようとか、ただ仕事をするというのではなく、人間として美しく強く生きていこうという、人間愛みたいなものを、私たちはいま感じているのではないでしょうか。

それはもともと日本人にはそなわっていたものだと思うのですが、近年の風潮は必ずしもそうではありませんでした。今回の大災害によって私たちのなかに眠っていた本心に目覚め、ほんとうの意味で人の愛と悲しみを感じとって、少しばかり高い人間性に向かって進みたいものだと思います。人の身の上を案ずる、そういうやさしさというものが目覚めたような気がします。

私たちは戦後、物質的には昔に比べてはるかに豊かでよい生活をしてきたわけですが、それとひきかえに失ったものがあるのではないでしょうか。戦後、たとえば日本やドイツのような敗戦国が復活したのは物質的な回復力によってです。そういう不幸、災難というものに遭い、苦しみや悲しみをのりこえて、以前よりいっそう大きく伸びていく力というものが、一人ひとりの心のなかにあったはずです。

災厄をのりこえる力

村上 ● 日本の地震学会の権威、会長を務められた方が、今回のことはまったく予想できなかったとおっしゃっていました。国立大学、あるいは国立の科学研究機関に五十年も勤めて、自分たちは何をやってきたのかと深い自責の念にかられているというのです。もういちど学問を、あるいは人間の生き方を見直したいと。

私たち、とりわけ科学技術に頼ってきた者は、目に見えないものの価値、さっき外山先生がおっしゃった心や命や自然の偉大な力というものを感じてきたと思います。

私は遺伝子の暗号を解読しておりまして、この技術は確かにすごいのですが、それよりもっとすごいことがあることに気づいていました。それは、遺伝子暗号を書き込んだ何者かがいる、ということなのです。人間は人間の暗号を書けない。目に見えない、ほんとうに偉大なものの働きがあるわけです。にもかかわらず、それを終戦から六十八年ものあいだ、経済発展に目を奪われて忘れていたのではないか。だから目に見えないものの価値を、こんどの地震によって教えられたのではないか。そんな気がしています。

外山●心の問題を考えるうえで、生活ということが非常に大切だと思います。心は生活のなかからにじみ出てくるものではないでしょうか。どんなに本を読んでも心は得られない。けれども、真剣に生きていけばそれなりのしっかりした心ができていくのではないか。しかも、厳しい経験ほど細やかな心を育むのに適しています。学校で本を読んでいるだけではよくありません。学校には生活が乏しいからです。快適な生活ではそういう心を生み出す力はなかなか生まれず、なんとなく感覚的に、あるいは本能的になりやすい。

それに対して、不幸な状態や苦しい生活のなかでは、自己の内部に眠っている善き心を育てていくことができるのではないでしょうか。貧困や病苦とかいったマイナスの事柄は人間にとって避けるのがむずかしいことですが、それによって私たちはやさしい心を養い、たくましい力を伸ばすことができる。そこが動物と違うところだと思います。

成長期の子供たちはとくに、困苦とか欠乏とか苦しみ、それをのりこえて成長していくことが望まれます。そこから、たくましい心とやさしい心というものも生まれます。私たちの現在の社会は、物質的には恵まれていますが、心ということを考えるとあまりいい環境ではないのかもしれない。貧しい社会の人たちの生き方から、もっと学ぶべきです。現在の社会でそんな苦しみ、災難や困苦をどうしたら経験できるでしょうか。できないとしても、なんらかのかたちでそれに代わる経験がないと、繁栄した者が滅亡へむかうサイクルは早くなります。滅びないように生きてゆくには、やはり不撓不屈の精神と同時に、人間がお互いに敬愛の心を育んでいくことが大切です。

そんな観点に立つと、個人主義的な考え方に疑問を感じることがあります。

できれば年齢の低い段階で、子供であっても生活を共にして濃密な生活を味わわせたり、そこで互いに喧嘩をしたり、仲よくなったり、さまざまな経験を積むことによってやさしい心を育むのがよいのです。そう考えますと、少子化になった現在、家庭はもちろん社会や学校でも、そういう経験や生活が少なくなっていることを反省する必要があります。勉強することに熱心であるのはけっこうですが、子供たちが自分の心に目覚めるような体験や生活が欠けているようではいけません。

目には見えない、偉大なものの働きがある（村上）
心は生活のなかからにじみ出てくる（外山）

村上●少子化の問題については具体的にどうお考えですか。

外山●いちばん大きな問題は、子供たちに「共に生きる」という共生の感覚が育ちにくい、またそのなかでの人間の心を学びとる体験をさせることがむずかしいことです。

一人で机に向かってどんなに勉強しても、残念ながら心はほんの少ししか育てられません。ところが子供同士でもみくちゃになって遊んでいるあいだに、案外「三つ子の魂」のようなものができます。現在の家庭はマイホーム主義で孤立しているので、子供の共生の経験が足りない。文字で表すと「ども」が付くから、子供は複数なのです。もともと単数では存在しないのですから、いつも同時に他の子供がいる状態が望ましいでしょう。いまの世の中では、少子化によって、箱入り娘ならぬ〝箱入り子供〟がどんどん増えています。将来が心配です。

少子化時代の教育とは

外山●それでも現在、少子化は進行しつつあります。にわかにこの現実を変えることもできません。中国では少子化政策を推進したものの、よい結果が得られず非常に悩んでいると思います。このままいけばおそらく、経済的な意味ではなく、心の貧しい人間が続出するでしょ

う。それを防ぐには、外国のことはどうでもいいのですが、日本はいかにして少子化による人間力の劣化を未然に防ぐか、社会全体で真剣に考えていかなければなりません。

人間の能力は〇《ゼロ》歳が最高で、年齢とともに能力は摩滅消耗していき、二十歳《はたち》くらいでほぼ半減してしまう。ここ数年来、私はそう考えています。これに対し、年齢とともに人間の知能は発達し、人間力も高まっていくという考えが、依然として社会の一般通念ではないでしょうか。でも、これはよくよく検討し直すべきです。

生まれてきた子供の出生後数年の経験は、ほんとうはたいへん苦しいことなのです。その苦しみをのりこえて、のりこえて、やがて笑うようになる。それまで、子供は苦しみながら成長しています。ところが、私たちはそこをまったく無視して、学校に行けるようになるまでは子供を教育しようとしません。これは十九世紀の人たちの間違った考え方です。それを私たちが踏襲しているわけで、現代では子供の世界、子供の生活というものがなくなり、その一方で学校教育という知的訓練所にさえ入れれば人間が育つかのように思い違いをしています。

では、これから生まれてくる子供たちのことを考えるとどうしたらよいのか。まず、子供に子供らしい世界を与え、そこから子供たちが秘めている望ましい能力をいかにして引き出すかを工夫する。それこそが教育であって、外から何かを与えるのはそのあとのこと。その点、私がいちばん心を痛めるのは、少子化へのほんとうの配慮が欠けていることです。二十年先に深刻な事態を迎えるおそれがあります。

幼児期教育の大切さ

村上●お話をうかがって、思い出したことがあります。

二十五年ほど前に筑波大学で「科学技術と精神世界」、要するに科学の世界と心の世界というテーマで国際シンポジウムが開かれました。そのときお世話になったのがソニーの創業者・

井深大《いぶかまさる》さんでした。幼児の能力開発に力を注がれた方で、「幼稚園では遅すぎる」とおっしゃって世界的にも反響を呼びました。子供は幼稚園に行くまでにすでにひと勝負ついている、といわれたのです。つまり家庭教育、とりわけお母さんの影響がいかに大きいか、ということです。幼稚園に行くまでの影響力が大きいとなると、そのあいだの教育をどうするのかということが問題になります。

外山● ヨーロッパでは、経済力や権力のある人が、母親から子供を引き離して乳母やナースによって保育する制度をつくりました。人間性からいえばややマイナス面をもつ制度です。でも、とにかく数百年のあいだそれが維持されたわけで、このことは、産みの親がほんとうに子供のためにベストの教育ができるかどうかに疑問を投げかけています。自分が産んだ子だからといって、経験もなしに初めて子供を育てるのはたいへんなことですから。

昔から「総領の甚六」という言葉があります。経験のない母親が育てると、初めての子が同じ能力をもっているはずの他の兄弟より甚六、つまり凡庸になるというのです。最初はうまくいかないというわけでして(笑)。昔は、「数でこなす」ともいいました。二人、三人と育てているうちにだんだんコツを覚えるので、子沢山というのは必ずしもたいへんではなく、かなり手を抜いてもちゃんと育っていくのです。一生懸命育てるという点においては、現在でもみなさんたいへんな努力をするのですが、うまくいかないのはいろいろ問題があるのでしょう。

そのときに、豊かな家庭でお母さんが子供を育てることができるかどうか。できないのなら、子供のための家というような場があってもよいのではないか。親の気持ちとしてはとんでもないことです。「家庭を破壊するのか」といわれかねないでしょうが、子供の立場から考えれば、〝箱入り子供〟はありがたくない。家庭から子供を離して新しい子供の家をつくるような大胆なことも必要かもしれません。産みの親と育ての親が違っても、育ての親がしっかりしていれば人間として十分成育できますし、立派な才能を発揮することもできるのではないでしょうか。

どうしたら家庭を子供にとって最もよい教育の場にできるかを考えますと、教育する人と教育を受ける人の距離が徐々に大きくなっていくほうがよい。その場合、五歳くらいからの父親の役割が大きいのですが、当のお父さんはほとんど子育ての自覚がない場合が少なくない。未経験な母親が育てて、父親が「俺は参加していない」といって無関心であれば、幼児期に適切な経験を積む環境ができるはずがありません。

村上● 幼児期に適切な教育ができる環境とは、どういうものでしょうか。

家庭を教育の場にする

外山●たとえば「言語」というもので考えてみましょう。どの国でもだいたい同じ状況だと思いますが、親はけっしてしっかりした言葉を子供に教えてはいない。少なくとも文法的に正しい話し方をする家庭はどこにも存在しないと思います。それでいて子供は不完全で断片的なものを聞きながら、三年くらいで自分で文法を体得します。どうしてそういうことができるのか、よくわかりません。文法を会得した子供を、俗に「言葉がわかるようになった」というわけでして、自分で文法をつくる力の会得は〇《ゼロ》歳から三歳までのあいだにほとんどすべての子供が成功するのです。

ですから、さらに踏み込んで子供たちによい刺激、よい言葉を与えることで心を育んでいく

幼稚園に行くまでにひと勝負ついている（村上）
育ての親がしっかりしていれば人間として成長できる（外山）

ことができるなら、言葉と同様、子供のなかに眠っているよいものを引き出せるのではないかと思われます。初期教育というより、むしろ最初のころの育て方なのです。それができれば優れた人材はたくさんあらわれると私は信じています。

　そういう意味で、家庭がまず子供にとってよき育ちの場になってほしい。これは大人の都合で子供を育てるのではなくて、子供の身になって子供を育てるという想像力が必要ではないかと思います。

　正直なところ現在の家庭は、五十年前、百年前の家庭と比べて人間力を育てるという点において劣っているのではないかと思われます。いまの子供はひどい知的環境に置かれているのですが、かわいそうにそれを訴えることができません。私たちはその「声なき声」を聞いて、一人でも多くの立派な人間を育てるよう社会全体として考える義務があるのです。

子供の倫理やルールがある

村上●今日の家庭が人間を育てるうえで昔より劣っているとは、具体的にはどういうことですか。なぜ劣ってしまうのでしょうか。

外山●現在の家庭は、どうしてもマイホーム主義で子供を囲い込んで〝箱入り子供〟をつくりがちです。これは大人の都合であって、子供にとってはどんなに迷惑かしれない。それを考える想像力がないのです。現代の家庭や大人が形式的な教育を受けすぎたからでしょう。教育は精神的な創造活動ですから、知識のみでは十分にまかなえません。複雑な生活のなかで得たさまざまな知恵や工夫、想像の感情、そういうものが子供を育むのです。とくに少子化社会は子供にとっては迷惑な環境であることを、社会として認識する必要があるはずです。

村上●とはいえ、急に子供をたくさん産むわけにもいかないわけで、子供たちが一緒に遊べる環境を社会や大人がいかにつくるのかが問われます。かつてのような大家族で、兄弟姉妹が四人、五人といたような環境に代わるものですね。その気になれば隣近所の子供を集めてつくることはできそうです。

外山●子供同士で遊ぶ経験が、私たちが小さいときにはたくさんありました。ガキ大将がいて悪いこともしました。でも面白いこともたくさんあって、夢のような毎日を過ごした。これが学校教育とは違った意味で大きなものを与えてくれた。自分のほかにも人間がいる、自分の思うようにはならない、そして自分の考えていることと違うことを考えている人がいるということ、それでもみんな仲間なのだ――。そういうことを肌で感じたり、心に刻み込む機会はとても貴重なものでした。強いものにうまく従うということも覚えました。威張ってはいけない、自分勝手は駄目ということを、いつしか身につけます。

いまでも小さいころに遊んだ日々を思い出しますが、それは漠然とした懐かしさを伴うだけではなく、そこで自分が鍛えられた経験もあります。個性を目覚めさせられたという点で、友だちがじつにありがたい存在なのです。

子供は喧嘩をします。なかなか決着がつかないのですが、親が「喧嘩をやめなさい」とか「どちらが悪いんだ」などと介入します。すると子供はいっせいに「子供の喧嘩なのに親が出てきた」などと、喧嘩をしている敵味方ともはやしたてる、そして親はすごすごと引っ込む……。実際にそういう経験がありました。子供のなかには子供の生活のルールや倫理があるのです。それによって子供は生き生きと伸びていく。変に大人の側のルールや思惑が入ると、子供は本能的に反発していたのですが、現在はそういう機会がほとんどありません。やはり子供同士で遊ばないということ自体が問題だろうと思います。

広い意味での教育ということを考えますと、現在のように知識を中心にした教育だけでは不十分ではないでしょうか。もちろん知識は大切ですが、同時に生活体験というものをいかにして子供たちに与えるかということがなくてはなりません。一人で勉強するよりみんなで勉強する、一人で遊ぶのではなく、みんなで遊ぶ。そのことによって子供は個性を育むことができるのだと考えています。

学校教育だけでは不足

村上 ● 以前からいわれていることですが、研究などを見ていても偏差値上の秀才がいい研究をするかというと、そうでもないですね。ノーベル化学賞を日本で最初に受賞された福井謙一先生に教えていただいたことが典型的な例です。

福井先生がある大学の学長をされていたとき、入学試験、いまでいうセンター試験ですが、それを解いてみたそうです。真面目な方ですね。まず英語を解くとよくできたので、気をよくして化学を解かれたそうです。できて当然だろうとは思ったが、まあ念のためにと。そうした

生活体験をいかに子供たちに与えるか（外山）

偏差値上の秀才がいい研究をするわけではない（村上）

ところ、平均点もとれなかったそうです。先生は人格者ですから、問題が悪いとはおっしゃらずに「できなかった」と（笑）。

よいことを聞いたと思った私は、学生たちにいいました。「君たちが解ける化学の問題を福井先生が解けないということは、偏差値と研究は必ずしも関係がないかもしれないぞ。悪すぎても困るが、君たちくらいがちょうどいいんじゃないか」と。

専門的な知識が必要とされる研究分野でも、ブレイクスルー（前進・進展）するときは知識ではなく感性や直感、あるいは絶対的な面白さが必要なのです。それを私どもは「ナイトサイエンス」といっています。昼のサイエンスは知識や知性、理性ですが、夜は感性や直感、「面白い」とか「絶対やろう」という心意気。そういうものが大切です。

ところが、そういう夜の科学を教えられるかというと、そこが問題なんですよ。実際のところ、研究というのはたいてい答えがわからないものですから、何が正解かわからないことをしているわけです。とんでもないことに出くわしたことによって、研究が新しい地平に進む例はいくらでもあります。知識を教えることはできても、夜の科学を教えられるかというと、これがなかなかむずかしい。それはやはり生活経験を経たうえで、研究現場で感じとることでしか得られないものです。

外山● 私は幼稚園の園長を五年務めました。それまで世の中のお母さんという存在をほとんど知りませんでしたが、保護者をとおして、どんな子供に育てたいと考えるのか訊いたことがあります。

すると、不思議なことにみなさん「のびのび自由に育てたい」と(笑)。でも自由というものは不自由を前提とします。生まれて間もない子供を最初から自由にしたらどうなるか。これはもう、めちゃくちゃになります。たとえば、幼稚園で「玄関で遊んではいけない」という規則をつくると、「けしからん」とおっしゃる。自由に遊ばせてくださいと。自宅でもそうですか、と訊くと返事をしない。でも、それでは、子供はほんとうの自由を経験し、獲得することができません。なるべく小さな不自由をどんどん与えることで、それをのりこえ、突き破って自由になる。それこそが望ましいことなのです。初めから拘束のない自由な状態に入れたら、そのあとどうなるか。そういうことは考えないのでしょう。幸せな人たちです。

自由や個性についての誤解

外山● 個性というものは、まず没個性が前提でなければなりません、つまり自分だけでなくお互いの心、気持ちを身につけなければできないわけです。きわめて不十分ながら幼稚園は、没個性の集団的な共生のなかから自分の力で「自分」をつくりあげていく場です。そういう意味から考えると、いまは自由とか個性という言葉を安易に間違って使ってはいないでしょうか。個性というのは没個性のなかから生まれてくる、自由は不自由や拘束のなかから生まれてくるのです。初めから自由を与えてしまっていては自由になることができないと思うのです。

子供が成長していくためには、一本調子によいことをしていればよい結果が出るというわけではないのです。場合によってはよくないこと、望ましくない環境や刺激を与えることで、まっとうな心が大きく育つ。仮に理想的な道徳教育を行ったとしても、ほんとうのよい心、豊かな心は育ちません。

村上●人間力を培うのに必要なことは何でしょうか。

外山●もちろん基礎的な知識は大切ですが、一部の人を除けば現在の高等教育で与えられる知識は、生きていく人間力を培うのにはほとんど役立っていないのではないでしょうか。それよりは実際に仕事に携わり、失敗もして、苦しんでいくことで、知識ではない知恵や工夫をつくり出して、その上に生活を築いていけば、私たちの人生はかなり面白いものになります。少なくとも、定年退職をしたあと何をしてよいかわからない、というようなことにはならないと思うのです。

困難こそが人間力を鍛える

外山 ● たとえるなら、エスカレーターに乗っている間は動いているように見えるけれど、エスカレーターが止まったら終わり、というような人間が増えてきた。ほんとうの意味で人間力をもっていないからでしょう。

これは、小さいときに十分足腰を鍛える、どちらかというとマイナスの環境や条件というものに恵まれなかったせいです。山中鹿之助ではありませんが、「我に七難八苦を与えたまえ」でなくてはならないのです。

もし自分の環境が恵まれていて十分な刺激を得られないなら、ネガティブな経験をみずから

知識より感性や直感、ナイトサイエンスが必要（村上）
高等教育で与える知識は人間力を培う役に立っていない（外山）

求める。個人の力でそれができないなら集団的にする。たとえば学校教育ではある程度の困難を与えます。勉強はつらいから意味があります。それを克服し、自分の人生を切り開いていく。こういう力をもった子供がたくさんいるのが未来のある社会です。

昔は自力で逆境を克服するような力をもった子供がたくさんいた社会だったように思うのですが、少なくとも私の生きてきたこの数十年のあいだに、社会全体が徐々に人間力を失ってきました。子供をかわいいと思うなら、なるべく苦労をさせないことがよい、という考えに支配されるようになった。それを反省する力がないのは、人間として生きることを考えないに等しいのではないでしょうか。ちょっと風が吹けば倒れる葦みたい。

村上●それはどうしてだとお考えですか。

外山●こういうかよわい考え方をつくったのは、形式的な教育です。学校教育を含めて教育はどうしても形式的なものになりがちですが、やはりそこに魂や心を忘れてはいけません。ことに年齢の低い段階の子供は、皮膚感覚での経験がまずあって、それと知識が結びついたときに初めて人間が育つと思うのです。

村上●いま、魂という言葉が出てきましたが、最近、私は身体はなくなっても魂は残ると考えています。科学的には証明できませんが、なぜこんなことを考え出したかというと、身体はつねに細胞が入れ替わっているからです。私たちの身体の細胞の元素はすべて地球の元素である。地球の元素を植物が摂取して動物が食べる。元素はすべて地球から、あるいは宇宙からきています。つまり私たちの身体は地球や宇宙からの借り物、レンタルなんですね。

しかも、ずっともっていることはできません。死ぬときに返さなければならない。全部返して、もういちど「千の風」になり、炭酸ガスになってぐるぐる回っていくわけで、いわばリサイクルです。

こんな高いものを七十年、八十年と借りているのに、人間はレンタル料を一銭も払っていない（笑）。貸し主は自然であり宇宙、サムシング・グレートなのです。借り主は誰か。身体じゃない、私です。私とは何か、これが大問題。「我」とは何かと考えると、ふつうは心なんです。でも私は最近、心ではないと思っています。心はころころ変わるんです。

明日の考えは今日と違うのですから。そんな不安定なものにサムシング・グレートが貸してくれるわけがない。

すると残るのは魂しかない。魂が借り主なんです。魂が何かは科学的にはわかりません。あるかないか、そのどちらかです。確率五割なんですね。どちらに賭けるかとなると、魂があるほうに私は賭ける。そのほうが幸せですから。

そんな意味で、「命とは自分の力ではない、天からの授かりものである」という教育が、根本のところで必要ではないかと思うのです。とくに現代のお母さんたちにわかってほしい。お母さんがわからなかったら、子供はわかりません。これまで私が出遇《あ》った偉大な人は、だいたいお母さんが立派でした。

外山●大事なのは精神、志です。さらに前へ進もう、もっと高いところに達しようという気概です。志というものを私たちはほとんど忘れてしまっている。困難・辛苦というものが少ないために志を立てるきっかけがないからです。きっかけさえあれば多くの人が志を立てるでしょう。しかし、きっかけなどなくても、自ら志を立てるのが本物の立志です。いまはよい点を取ろう、入試に合格しようなどという、いかにもみみっちいことを考える。恥かしいことと思わなくてはいけません。大人が悪いのです。

子供を真に感化する場

村上● たいへん刺激的で、教育的なお話です。知識だけでなく知恵のある人間を育てたい、あるいは人間力のある人を育てたい。この点について反対する人はいないでしょう。しかも、いまの日本で志や精神、魂といったものの価値が低くなっているという点も同感です。では、これからの教育には、具体的に何が必要だとお考えになりますか。

外山● もし家庭にほんとうの教育力がなく、子供の成長にとって望ましくないと考えられた場合、あえてより優れた教育のできる他人に子供を託すということです。その勇気を私たちがもてるかどうか。そして、その勇気をもった人がいる場合、受け皿としての「育ての親」というべき存在があるのかどうか、ということです。

私が出遇った偉大な人は、お母さんが立派だった（村上）
優れた教育のできる他人に子供を託す（外山）

外山●昔、学生が就職をする際、よくわかっている会社では、下宿住まいの学生に信頼できる者が多いと考えたものです。自宅通学の学生はとかく人間があまく、我慢する力が弱い。それに比べてしっかり者の下宿のおばさんにしつけられた学生のほうが、人間としてしっかりした考えをもっているというのですね。面白い着眼です。下宿のおばさんはプロの教育者ではありませんが、母親よりはしっかりしている。いまはそういう下宿はなくなり、ワンルームマンションで気ままな生活をする者が多くなりました。生活をしたことにもなりません。

子供を育てるには、育てる側にある種の人間尊重の精神、すなわち人間は必ずしも金を儲けたり偉くなるために生まれてくるのではなく、その人にしかできない何かをするために生まれてきて、次の世代にいまよりも少しでも優れたものを残していくのだ、という考え方が必要です。

小さいころに誰かによって決定的に感化される経験が大切です。それを与える存在が現在はなくなっているのではないでしょうか。塾はそういうところではないし、保育所に子供を預けるというのも違うと思います。ほんとうに子供を育ててもらいたいと思って保育所に預けているのではなく、自分が働くあいだの代理のベビーシッターとして見ているのです。そんなところでほんとうの育児ができるわけがありません。人間を粗末にしてはいけない。

家庭では人格陶冶できない

外山 ● イギリスの経験主義は、家庭教育に否定的な考え方を生みました。イギリスばかりでなく、ドイツにもかなり大きな影響を与えたようです。日本の松下村塾もそんな教育に近いといえるかもしれません。

つまり、いい加減な子育てしかできないなら、真の意味での教育の場をつくることが子供への愛情だと思います。もちろん家庭から離れて幼時を過ごす子供たちの立場に立てば、ほんとうにそれが彼らにとっての幸福なのかという問題は残りますが、社会的にみると人格の陶冶は家庭ではなかなかできないものです。共同生活を十年でも続けさせれば、たいていの者が個性や人間をはっきりさせることが可能です。

真の意味で教育の場をつくることが子供への愛情（外山）
昔の教え方に現代的な展開を加味する（村上）

村上●先生ご自身にも経験がおありですか。

外山●私自身は中学生のときに寄宿舎に入れられていました。寄宿舎というのは通学できない子供のためのものですが、それだけではなく、通学できるけれどもうちでは始末に負えない、というので入れられることもあります。

寄宿舎でいろいろなことを学びました。寄宿舎の門限は午後五時、以後いっさい外出まかりならぬ。そして小遣いは一週間にいくらと限られていまして、それ以上使ってはいけない。あれをしてはいけない、これをしてもいけないとがんじがらめです。しかし、子供たちはのびのび、平気でした。規則をうまく逃れたり、無視したり（笑）。舎監の先生の目をごまかすのはスリルがある。「これはよくないことだ」と自覚しながらも、なんとなく「ここまでなら、まあいいだろう」と見当をつける力も身につけるのです。

現在の学校教育は、ほとんど昼のあいだだけのものです。全日制といっても、実際には定時制の教育でしかなく、家に帰ってからのことはほとんど考慮されていません。けれども、教育はやはり全人格的・全生活的にやるべきものであって、朝から晩まで一日を通じて生きていくのが大切です。家庭も学校も腰掛け的です。腰がすわっていない。

村上●なるほど。

外山●「教育は百年の計」といいますが、百年も待たなくても優れた教育は必ず効果をあらわします。そういう意味で、善意のある、独創的な、あくまで子供の立場に立った幼少教育を考える必要があります。

繰り返すようですが、まず自然な家庭を考えるべきでしょう。十分な条件が整わない場合は、子供にとって代理的な家庭、第二の家庭を提供する。たくさんの子を教育することは困難かもしれませんが、それによってその人生が変わる、そういう教育を考えます。少子化の社会で共生経験が少なくなっている現代、昔以上に共同生活が幼児期に与える価値は大きいはずです。新しい家庭、家庭に代わるべき保育の場は、みんなと一緒に生きていく経験を積むところです。一人だけをいくらかわいがって育てても、なかなか立派な人間には育てられないということを、私は確信しています。

村上●昔の教え方もたしかに学ぶべきですが、それに現代的な展開を加味しないと空回りになります。ですから、現代の家庭、子供がどんな状況に置かれているかをまず十分に調べたうえで、そこに昔の日本のベテランの先生方の考えをどう具体的に反映させるか、ということを考える必要があるのではないでしょうか。

批判を怖れず進む国に

外山●ある程度、人が反対することに挑む勇気をもたなければなりません。全員が賛成などということはありえない。人が嫌い、悪くいうもののなかにほんとうの価値はあるかもしれないのですが、日本人はたいてい反対されるのを怖れます。満場一致でないといけないと思っている。

これが日本人の弱いところで、長いあいだ鎖国的状態であったため、外部からの刺激にさらされることが少なく、喧嘩をする力もないのです。批判されると急にしょぼんとなってしまう。自分なりの力で、十分な説得力をもって押し返すことができない。島国ナショナリズムの悪いところです。ここから脱却することは簡単ではありませんが、一般論として、反対されてもそれに耐えぬいて自己主張しなければなりません。

村上●興味深いお話をうかがいました。二十一世紀は日本の出番がくるのではないかと私は思っています。それをダライ・ラマ法王から聞いたとき、ほんとうだろうかと思ってこの間いろいろ考えてきました。なぜ日本の出番がくるかというと、世界から日本を見たときに、日本は世界に最もよい影響を与える国だというのです。カナダと日本が最もよい国になっています。

なぜでしょうか。一つには六十八年間、戦争に巻き込まれずにきたということがあります。世界のおもな大国は戦争に巻き込まれている。それから科学技術水準、教育水準が、少なくとも平均的に非常に高い、医療水準も高い。また、犯罪率がアメリカに比べて十分の一くらいである。

そして、外から見ると、まだまだ他人のことを思いやる心が残っています。たとえばツーリストのマナーが非常にいい。なかには自己中心の塊のような日本人もいますが、全体的に見れば日本人は人の心を思いやることができる。それから、最近でいえばテクノロジーやアニメなどの創造力がたいへん強いことです。

それだけではありません。日本には精神文化の伝統

が残っています。

精神文化の伝統

村上●たとえば日本人はご飯の前に「いただきます」といいます。「おかげさまです」という言葉もある。「もったいない」や「おつかれさま」という言葉もあります。これらは正確には外国語に翻訳できないんですね。

「いただきます」も、誰に感謝しているかわからないところがいいところです。しかし、私たちは動植物の命を犠牲にして食べ物にしています。動植物をつくっているのは人間ではありません。太陽や水や空気、地球など、うしろで働いている自然の法則がつくっている。だから動植物の命をいただいていますという、深い感謝の念がそこに入っていると思います。

「おかげさま」も訳せないんです。欧米人は、「おかげさま」というと「誰のおかげですか？」と訊きますから。日本のよいところは、誰のおかげでもよいところです。あなたのおかげであり、ご先祖様のおかげであり、国のおかげでもある。

「ありがとう」もたんなるサンキューではなく、まさに「ありがたい」ことなんです。命というものが偶然に生まれるのはすごく「ありがたい」。それに対する感謝の念が言葉にあらわれているのです。言葉は考え方、生き方から生まれるもので、何千年も続いてきたものです。それがいま消えかけているように見えますが、大震災をきっかけに一部は復活しているのではないでしょうか。

日本人のもつこのような精神文化と、経済力や科学技術力、さらに東洋と西洋の架け橋になるという地理的なことも含めて、二十一世紀にはふたたび日本の出番がやってきます。出番とは何かといえば、世界から尊敬され、役に立つ国になることです。そういう国にするために教育はほんとうに大切で、これにしっかり取り組めるなら日本は必ずすばらしい国になると考えています。■

対話2

子供の無限の可能性

村上和雄×

坂東眞理子

Bandou Mariko

●第二対話者　坂東眞理子（ばんどう まりこ）

評論家・昭和女子大学学長

昭和二十一年（一九四六年）富山県生まれ。東京大学卒業後、総理府に入省し、婦人問題担当室の最年少担当官として『婦人白書』を執筆。ハーバード大学留学後、埼玉県副知事、在豪州ブリスベン総領事、内閣府男女共同参画局長などを歴任し退官。昭和女子大学学長を務めるかたわら執筆・講演などに幅広く活躍。女性のライフスタイルを提唱した新書『女性の品格』は累計三〇〇万部を超える大ベストセラーとなり、話題となった。ほかに『親の品格』『美しい日本語のすすめ』『錆びない生き方』など著書多数。

ヒトゲノム解読で見えたこと

村上● 全日本家庭教育研究会（全家研）の初代総裁を務められた平澤興先生から「子供たちは無限の可能性をもっている」という話を学生時代に聞いたことがあります。脳神経の大家だった先生が生涯のまとめとしてそういわれたことに感動しました。そんな私が五代総裁を務めることになり、不思議な縁を感じています。平澤先生とお会いすることがなかったら現在の私はなかったはずで、これを出会いの妙というのでしょうか。

私は遺伝子研究をやっておりましたが、ヒトゲノムの解読は十年前に完了しました。私どもが研究をはじめたころは夢のまた夢だった遺伝子の暗号が、すべて読めてしまったのです。解読が終わったとき当時のクリントン米大統領とイギリスのブレア首相が立ち会って共同会見したほど、それは大きな出来事でした。神様しか知らない情報を人間が手にした、覗いたという反響だったのでしょうね。何千人という研究者を動員して、数千億のお金を使ったのですが、今年度中には一人の人間の全遺伝子暗号が、わずか千ドルで、しかも一日もあれば解読できるようになるといわれています。千ドルといいますと、いまは八万円です。それぐらい進歩がめざましい技術の現場にいるのですが、遺伝子を読んでたいへん面白いことがわかりました。人間の全遺伝情報（ゲノム）は約三十二億、化学の文字で書かれているのですが、そのうちほんとうに使われていることがはっきりしているのは二パーセントにすぎないと。

坂東眞理子（以下、坂東）●たったの二パーセント……あとの九十八パーセントはどうなっているのでしょう？

村上●九十八パーセントは何をしているかわからない。そういうことがわかったんですね。だからこれらは「ジャンクＤＮＡ」だといわれています。何かをやっているのでしょうけれど、それがわからない。解読によって、いわばお経の文字の並びはわかったのだけれど、その意味はわからない。そこにはまだ多くの可能性が残されていることを、ゲノムの解読から知ることができたのです。

それから、その多くの遺伝子にはスイッチがありまして、オンになったりオフになったりしているということもわかってきました。そうしますと、よい遺伝子のスイッチをオンにして悪い遺伝子のスイッチをオフにすれば、人間の可能性はさらに飛躍的に伸びるかもしれない。そういうことが遺伝子についての言葉で語られはじめたという点で、とてもエキサイティングな時代になってまいりました。

前置きが長くなりましたが、子供たちがもっているよい遺伝子のスイッチをオンにして悪い方の遺伝子をオフにする。教育とはそういうことではないかと思っています。

坂東● いま、ヒトゲノム解読の現状を「お経の文字の並びはわかったが、意味はわからない」といわれました。漢訳されたお経なら日本人にも少しは意味が想像できますが、サンスクリットの原文で書いてあると何が書かれているのかわかりません。同様にゲノムも、この字がどの文字に対応するかはわかっても、それが何を意味するかというほんとうのところは、まだわからないわけですね。四つの塩基の並び方がわかったというだけで。

村上● そういうことです。だからヒトゲノムが解読されれば生命のことがもう少しわかるのではないかと思っていたのですが、なかなかわからない。

坂東● 親は子を見て出来がよいとか悪いとか、頭がよいとか悪いなどと、なんとなく思ってしまいがちですが、二パーセントの遺伝子のちょっとしたはずみで頭がよさそうに見えたり

よい遺伝子をオンに、悪い遺伝子をオフに（村上）
親は子を見て、出来がよいとか悪いとか思いがち（坂東）

悪そうに見えたりするにすぎない、ということでしょうか。

村上●そう思います。大切なのは育て方ですね。教育や人との出会い方しだいでスイッチのオンとオフが変わるわけですから。もともとは、遺伝子は固定的なものと考えられていたのですが、現在では、ダイナミックでしなやかに働いているものだという見解に変わりつつあります。

坂東●ご著書を拝読しますと、遺伝子がオンになるかオフになるかは、心、精神のもち方がとても大きいと書いていらっしゃいます。しかし、エビデンス（証拠）を追究するという科学者の従来の研究方法から見ますと、かなり異端というか、変わった考え方だと思われるのではありませんか。

心が遺伝子のオン／オフに影響する

村上●たしかに本流ではないかもしれない。でも科学、とくに医学では物質オンリーの考え方がいま限界に達しています。ガンも高血圧も糖尿病も根本的には治らないわけです。医学でも人間全体ではなく臓器や細胞、遺伝子などを取り出して研究の成果があったのですが、心というものは取り残したままだと思います。

物理的な刺激、たとえば運動するとか食べ物を食べるといった刺激によってオンとオフがあるということが知られるようになりましたが、人間には物質的な器官だけではなく心がある。心は身体に大きな影響を与えているわけで、身体のどこにかといえば、私は直感的に遺伝子そのものの並べ方には影響はないが、オン／オフに影響があると思います。つまり、遺伝子の発現に影響する。そんな仮説を十年ほど前に立て、「心と遺伝子研究会」というものを創りました。そこでのエビデンスは少しずつ出はじめています。

たとえば、笑いによってスイッチが入る。陽気な心、明るい心、うきうき生き生きする心は、ポジティブな遺伝子のスイッチをオンにします。陰気な心、悩みとか不安とかネガティブな心はネガティブな遺伝子のスイッチをオンにする、という仮説です。ストレスが病気につながることはほぼ間違いがない。ですが、私たちはネガティブよりもポジティブなほうに注目しているのです。少なくとも陽気な心と遺伝子は関係があるのではないか。笑いによってどの遺伝子のスイッチが入るのかというデータが出はじめていまして、心と遺伝子の関係のベースとなるエビデンスが出つつあるというのが現状です。

坂東● 昔から「病は気から」とか「心のもちようひとつ」という経験知を誰でも知ってい

ますが、それを遺伝子のオン／オフのスイッチということでいわれたのは村上先生が初めてではないかという気がします。

村上●必ずしも初めてではないのですが、それを実験で証明しようとしている人は非常に少ない。しかし現在、オンとオフが測れるようになりましたので、どの遺伝子がどのくらいオンになっているか、オフになっているかが測定できる。だからサイエンスの土壌に乗っているわけです。

坂東●体の血液の血糖値が上がったとか血圧が上がったとか？

村上●そういうデータとして出ています。

坂東●アメリカではいまオルタナティブ医療というのが盛んになっていますが、いわゆる西洋医学は細菌やウィルスでもたらされた病気を撲滅するのに効果が

あるけれど、習慣病や、それこそ「病は気から」の病気についてはあまり効果がない。それで瞑想やハーブ、指圧、リンパマッサージといったいろいろなオルタナティブ医療が効果的で、エビデンスがあるのでしょうね。

村上● そういう経験的なエビデンスをデータ化するのがアメリカは盛んで、祈りも医療のなかに入っています。もちろん西洋医学は大きな力をもっていますが、それだけではやはり限界があって、伝統医療や東洋医療、鍼灸マッサージも含めて、アメリカの大多数の人がそちらの方向にいっています。

坂東● 気功という、外から気を入れて病気を治す療法もありますが、あれも実際に効果があると信じている人もいれば、効果がないという人もいる。私たち素人には判断できない感じです。

村上●効果がある人とない人があるからですね。そういうものが効かないと思っている人には効かない。

坂東●効かないと思っている人には効かないんですか（笑）。医学の話ばかりではテーマからはずれてしまうので、元へ戻しましょう。

よい方向にも、悪い方向にも

坂東●「子供は無限の可能性をもっている」ということには両面性があると私は思います。プラスの無限の可能性もありますが、マイナスのほうの無限の可能性もあるのではないか。人間なのにどうしてこんな残虐なことができるんだろう、という人もいるわけです。何がよくて何が悪いことかということを子供に伝えられなかったり、教えられなかったりすると、無限に悪くなる可能性もあるはずです。

現代にはいろいろな社会状況があるので一概にはいえませんが、日本では親や教員のなかに「子供には無限の可能性があるのだから、放っておけば自然にすくすくと伸びていく、抑えつけてはいけない、自由にのびのびと育てるのがいちばんいい」と考える人が多いのではないでしょうか。下手な手出しはしないほうがいい、という。

抑圧せずに内発的な動機を尊重しようという育て方ばかりに傾くと、子供はどちらの方向へ行けばよいかわからず、たまたま悪い友だちに出会うと、どんどんおかしな方向へ行くことがある。大人の責任、親の責任として、子供のなかに潜在する無限の可能性をよいほうへ伸ばすにはどうすればよいか真剣に考えなければならないと思います。「無限の可能性」という言葉を誤解している人が多いのではないかという気がしてなりません。

村上● なるほど、無限によくも悪くもなる。たしかに問題ですね。世の中、親も教師も、そういう点ではほんとうの意味でのしつけを怠っています。人間には動物的な側面もありますから、放っておけばそれこそ狼少女みたいな極端な例にもなる。それは遺伝子ではなく環境です。環境がいかに大きいか。よい先生、よい友だちに出会うということが、やはり子供の成長にとって最も大切な要素です。

「無限の可能性」という言葉は誤解されやすい（坂東）

よい先生、友だちとの出会いが成長に最も大切な要素（村上）

坂東●無限の可能性をもった子供たちは最初、家庭で親から大事にされます。清潔で気持ちのよい生活があって、心が通じて子供がにっこり笑ったら母親もやさしい気持ちになりますし、お互いの交流がどんどんどんよい方向へと後押しをする。そういう家庭での要素がまず絶対必要だと思います。

村上●そうですね。そういう点で家庭教育は非常に大切です。以前、ソニーの井深大さんと対談していて「幼稚園では遅すぎる」というお話だったので、「では、大学の教師は学生に対してどうすればよろしいでしょうか」と訊きますと、お答えがなかった。学生以前の小さいときにもうひと勝負ついているのだと。とくに人間の品性についての勝負はついていて、もちろん大学で知識をつけたり友だちをつくることはできるが、ほんとうに人間を育てるにはもっと若い時期が勝負どころ。〇歳児《ゼロ》、それどころか受胎したときから、お母さんの生き方や考え方が影響を与えている。だからお母さんは尊いのだ、というお話でした。

坂東●大学の先生は、自分のことを教育者というより、学者、研究者であると考えていらっしゃる方が多いのではないでしょうか。

村上●そう思います。そもそも大学の教師の評価や資格に教育の業績はほとんど入りません。もっぱら研究業績です。でも、本来、大学は教育機関なのです。国が大学をつくった目的は人を育てるためで、学者を養成するためではない。研究所は研究機関ですが、大学の学部はやはり人材を育てることがおもな目的です。そこをはき違えている。では、その大学教師が世界に通用する学者なのかといえば、そういうわけでもないところが問題です。

進学率に比例しない学力水準

坂東●査読つきの専門雑誌に何本論文を書いたかが研究者の業績ですから、「あの先生は業績を上げている」というのは論文を書いたことへの評価です。いろんな大学からリクルートされるというのも、よい教育をした教員だからというわけではありません。だから大学の先生たちのモチベーションは、よい教育をすることより多くの論文を書くことのほうにエネルギーを注ぐのが賢明な生き方だというふうになります。この点は文部科学省でも考え直していただきたいと思いますね。

先生のなかには研究もしない方もいらっしゃるので、ちゃんと研究してください、研究する人にはお金も出しましょうと後押しする「科学研究費」という仕組みができたのですが、教育をしてください、大学生の教育にしっかり取り組んでください、取り組んだ先生には奨励金を出しましょうという仕組みはないんですね。それで各大学が独自に教育方面へ力を注ぐよう工夫しているのですが、学長としては日々悩みが絶えないところです。

いま、大学の数が増えて進学率が高まったのはいいのですが、にもかかわらず高校を卒業して大学へ進学する学生たちが基礎的な勉強を身につけていないんですね。研究者としての能力のはるか以前の、小数計算や分数計算ができることとか四字熟語を知っているといったレベルの、中学生程度の学力が十分身についていない。そういうレベルの学生が残念ながら増えています。

村上●東大でもそういっていました。補講をしないとついていけない学生が相当数いるのだそうです。

坂東●補講はしているのです。リメディアル教育という形の補習教育ですが、それに対して「そんな出来の悪い者は入学させなければいいじゃないか」とか、「授業料がほしくて入れたんだからちゃんと教育しろ」などといわれます。でも、小学・中学・高校でどうしてちゃんと勉強させないのか、ということにこそ憤るべきです。

その大切な時期に、「子供には無限の可能性がある」ということを誤解して、そんなに教え込む必要はない、大人になれば自分の興味に応じて自然に勉強するのだというふうに考えてしまう。罰を与えてはいけない、試験の成績を発表してはいけないというかたちで、子供たちに努力して勉強するよう仕向けることがなおざりにされている気がしてなりません。それが現在の学力低下をもたらしている原因ではないでしょうか。

村上●大学自体も出席すれば単位を与えるというやり方なので、欧米に比べて基礎学力に差がついてしまうのではないかと思います。

坂東●日本とアメリカの大学を比較しますと、日本の大学ではディスカッションが少ないんですね。先生たちが一方的にこうですああですと教壇の上から教えるのですが、アメリカの大学の授業はディスカッション、質問をして「どうしてそう思うんだ」「これはこうなんじゃないか」と相互にフィードバックし合うなかで新しい気づきや発見をする。それが主流になりはじめています。日本ではそれが極端に少ない。でもそれは大学に限った話ではなくて、社会でも「なぜ、どうして」ではなく、正解はひとつのはずだと。自分で考えずに解答を覚えておけばよい、世の中を上手に渡っていくノウハウを知ればよいと考えます。楽をして得をすることのできる正解があって、それを身につけた人が成功するという観念がはびこるなかで、学生がひ弱になっていると思います。

村上●ディスカッションをする、対話をするためには、自分がうんと勉強しないといけ

ません。だから頑張らないとついていけないような厳しい訓練が必要にもなるわけですが、黙って座ってさえいれば単位がもらえるような現状では、グローバルな国際競争の場に行っても太刀打ちできないのが、日本の大学の実情ではないかと思います。

坂東●現在、就職がむずかしい状況下で、学生も就職活動に一生懸命取り組んではいるのですが、日本の大学を卒業した学生より中国やシンガポールや台湾、韓国の大学を卒業した人たちのほうがやる気があって目が輝いているから、そちらのほうが人材として優秀だと考える日本の大手企業もある。ローソンでは三割が外国人の学生だと聞いています。国際機関でも、ご存知のように国際連合事務総長の潘基文《パンギムン》さんは韓国の方ですし、新しい世界銀行総裁も国籍はアメリカですがやはり韓国出身。アジア系の人びとが世界の舞台を席巻しているといわれても、残念ながらこのアジア系は日本ではないアジア系のようです。

よき師との出会いの妙

坂東 ● 少し論点を変えますが、よき教師、よき師との出会いという問題を考えてみたいのです。出会いの妙といいますが、同じ組み合わせでも子供の側が必要とする刺激を与えてくれるような出会いなら実を結びますし、どんな立派な人格者でも子供の側が必要としなければ気づかないまま終わってしまう。たんに、立派な方がいて学びたい子供がいたら必ずそれがよい出会いに結びつくとは、簡単にはいえないのではないでしょうか。

逆に一〇〇パーセント立派で完全無欠の人格者とはいえない教師でも、一途な愛情をもって

対話ができるようになるためには厳しい勉強が必要（村上）
日本の大学はディスカッションが極端に少ない（坂東）

いる人が、学ぼうとしている子供、迷っている子供とよいタイミングで会うと、ぴたっとお互いのよいものが刺激し合って花が開くことがあります。この出会いというのが、村上先生がおっしゃるサムシング・グレートのはからいで恵まれるような気がします。一般的なよい出会いというのはあるのでしょうか。

村上●人生で会うべき人には必ず出会えます。問題は会うべきタイミングですね。そういうものが必ずあって、サムシング・グレートのはからいかどうかはわからないけれど、やはり絶妙の出会いがあると思いがけず仕事が進んだりするのです。もちろん出会いは偶然ですが、偶然とはとても思えないようなこともあって、私の研究なども思わぬ出会いによってぐんと伸びたことがありました。それがサムシング・グレート、天のはからいではないかと思っております。

ただし、出会いは自分ではなかなか選べない。何かを求めているときとか、必死になっているときに、そういう出会いが起こるような気がします。タイミング、こちらの準備、必要性があるときによい出会いがくる。

坂東●よく「啐啄《そったく》の機」などといわれます。卵が孵化しようとするときに、中の雛《ひな》鳥がつつくのと親鳥が外からつつくのが同時で、ぱっと卵が割れて生まれる。中から子供が出ようとする機が満ちているときに出会いがあると、雛はうまく外に出られるでしょう。そのためには親鳥自身が子供をなんとかしなければいけないと考えてずっと温めている、努力している姿勢がいちばん大事なのではないかと思います。

じつはこれは子供のことというよりも、社会人を育てるためにメンター（助言者、恩師）との出会いが大事だと最近よくいわれる問題です。直接の親や上司より、ちょっと離れたところでアドバイスしてくれるような人との出会いによって若者が大化けする、すごく大きな成長を遂げる。だからよきメンターに出会いたい、若者はメンターに出会うようにアンテナを研ぎすませろ、などといわれるんですが、なにも鉦や太鼓を叩いて「メンターはいませんか？」なんて探しても出会えるものではない（笑）。

あなたが一生懸命その仕事に全力投球している姿がメンターをひきつけるのだ、と私はいっています。それは社会人、職業人がメンターと出会う場合であって、まだ小学生・中学生・高校生のころの教師との出会いというのはそれとは少し違う気がします。

村上●そうですね、先生は選べませんから（笑）。

坂東●いろんな子供たちがいて、担任の先生とウマが合ったり合わなかったりします。一般的な道徳ではどんな先生であろうと先生として尊敬すれば可愛がってもらえて、お互いによい出会いになるというので、初めから先生を批判してはいけないということは基本中の基本だといわれています。とはいえ、現在の先生方のなかには、それこそ教育者として成熟していない人もけっこういますからね。どういう方がよい教師かはわからないことが多いですが、村上先生はよい教師と出会われましたか？

村上●出会いました。学生時代に出会った平澤興先生は直接の指導教官ではなく、学部が違うのですが、たまたま出会えて幸運でした。教授と学生が一緒に食事をする機会はめったにないのですが、同窓会のような会で出会って強い印象を受けました。

平澤先生は日本を代表する湯川秀樹博士と並び称された方でしたが、たいへん謙虚で、そのときサムシング・グレートのような話をされた。日本にもこういう学者がいるということに衝撃を受け、こんな先生になれたらと思ったのですが、私にはとても無理だなとも。それでも少しでも近づきたいと思ったので、今日の私があるといえます。だから、平澤先生が初代を務められた全家研総裁を一も二もなく引き受けました。

研究室の恩師もいい先生だった。たまたま選んだところがそうだったのですが、「植物の身になって研究しろ」「社会のどこかで必ず役立つ学問をやれ」といわれた。当時の日本は貧しかったので「外国へ行って勉強してこい」とも。日本のなかで威張っていても駄目だ、外国で認められたら日本は認めてくれるんだと。人間的にも魅力があったし、そういう点で私はたいへん恵まれていました。

素直に感嘆する心を

坂東 ● クリティカル・シンキングなどといって、人の欠点を批判する、そういう精神を学生たちに身につけさせようという考え方も教育界にはあります。でも私はいまのお話をうかがって、批判する精神よりも素直に感嘆する精神を身につけたほうが本人にも社会にもよほどプラスになるのではないかと思いました。

村上 ● 科学の柱のひとつは批判精神ですが、自然の真理を素直に学ぶということも科学者にとってはとても大切です。必ずしも批判精神だけがよい研究をもたらすとは限らない。ほんとうに優れた研究者は謙虚です。自然や宇宙の法則を素直に学ぼうという心がないと。私の知っ

批判する精神よりも素直に感嘆する精神を（坂東）
優れた研究は自然の真理を素直に学ぶ（村上）

ているアメリカ人にノーベル賞をもらった先生がたくさんいますが、みなオープンマインドで謙虚です。威張っている人はたいしたことがない（笑）。

坂東●同感です。学者の世界だけではなく、ビジネスマンでも公務員でも、ほんとうに力のある方は威張ったりしません。どんなに立場が下の相手の話であっても、謙虚に聞く耳をもっているものです。

先ほども申しましたが、日本の子供たちは放ったらかしにされているのではないか、という危機感を私はもっています。教わるべきことを教わっていないのではないか。

井深大さんがよくおっしゃっていることですが、子供たちは教えれば平仮名より漢字を先に覚えるくらいですし、数学的な図形の空間認識も一種のゲーム感覚で面白がってどんどん吸収する。論語の素読でも百人一首でも、小学校入学前に覚えると一生忘れません。そういうものを知らないうちに身につければ大きな財産なのに、そんなことを教えるところまっしゃくれた子になる

という。「のびのび育てましょう」路線では、子供たちの知的好奇心は刺激されないままなのではないかと思います。

子供が意欲をもって勉強したいとか、これはなんだろうという心が出てくるのを待って教えるというのは第二段階であって、まず基礎、型を覚えさせる。すると、そこから「どうしてだろうか？」と型を超えてもっと別のこともしたいという意欲が出てくるのではないか。教えもしないで、のびのびと自由にさせておけば創造性が発揮される、などというのは誤解ではないでしょうか。

ピカソの修行時代からの絵の変化を追った回顧展を見て、とても印象的でした。それまでピカソは現実とは違ったデフォルメした形象を描く人だと思っていたのですが、初期のころはきわめて正確なデッサン、きちっとした線で同じ対象を何度も繰り返し描いていました。そうした基礎的なデッサン力を身につけたうえで、基礎では物足りない、飽き足りないがゆえのデフォルメ。それが強いエネルギーとして湧き出てきたのでしょう。基礎を身につけず最初から好きなように描くのであれば、きっと伝わる力に欠けるのではないかと思いました。

茶道や華道のような世界でも、型があってそれをまず身につける。そのうえで型にとらわれない自然なふるまいができるようになる。でも、初めから自然がいいのだといって型を身につけなければ型なしになってしまいます。物事にはステップがありますからね。

ゆとり教育は少しずつ是正されはじめていますが、基礎をしっかり身につける、否応なしに身につけるという第一ステージをなおざりにしたまま個性尊重を強調しすぎてはならないと思います。

村上●私どもの研究分野ではユダヤ人が非常に優秀です。ノーベル賞受賞者も日本人よりはるかに多い。ユダヤ民族は就学前の子供にユダヤ教の教典《タルムード》を徹底的に覚えさせる。わかってもわからなくても。覚えないと一人前とは認められません。幼少期にそんな徹底的な詰め込み教育をやっていて、その基礎の上に創造性が開花するわけです。

それから、ユダヤ人は迫害されていますから実力で生きるしかない。そういうハングリー精神で、もともと素質もあったのだとしても、詰め込み教育をやっている。日本では江戸時代、わかってもわからなくても四書五経を教え込んでいた。それが近代以降、日本の教育の底力になって、わずかの時間で西洋を一挙にキャッチアップできた。江戸時代の教育の底力があったのですね。ところが、戦争に負けて戦前までの美質をほとんど否定してしまったのが、戦後日本の教育の問題点ではないかと思います。

嫉妬深い日本社会

坂東 ● ほんとうに残念ですね。昨今は振り子の針が自由放任のほうへ少し振れすぎているのではないでしょうか。なぜ日本では子供が勉強しなくなったのか、という問題があります。抑えつけたくない、だから教えられないというのが大きな要因ですが、もうひとつは「勉強してもそれが役に立たないのではないか、人生で成功するためには、努力や知識の習得よりも上手に世渡りをするとか、あるいは運に恵まれるとか、そういうことのほうが大事」と考える子供が中国やアメリカに比べてとても多いんですね。

第一ステージをなおざりにした個性尊重は誤解（坂東）
戦後教育は戦前までの美質を否定した（村上）

中国では当然、努力すれば、勉強すれば、お金持ちになれる、出世できると思われています。アメリカの子供たちはもともと努力すれば成功する、人生の成功のために努力しなければいけないと考えるでしょう。ところが日本では、「人生の成功は運しだい」と考える子が多いようです。

なぜでしょうか。努力をしてがんばってなにかを勝ちとった人が努力に応じた評価を得られていない。がんばっていい大学へ行ったり、成功して財産を築いたり、よい地位を得たという、個人の努力の成果が、みんな好きではないようです。少なくともマスコミはあまり報道しない。お金持ちがいたら悪いことをしたんじゃないかとか、じつはあいつには悪い評判があるとか、世渡りが上手だから成功したんだというふうに、まさに「批判精神」が世にあふれていて、努力を正当に評価しようとしない。努力して成功した人、ヒーローを褒めたたえない社会になっています。嫉妬深い社会であることが影響しているのかもしれません。

村上●なぜそうなったんでしょうか。

坂東●おそらく、人間みな平等だという考え方が非常に強いからでしょう。これも誤った考え方、誤解だと思うんですが、結果の平等があるべき姿だと思われていて、それにもかかわらずうまくやった人がなにか悪いことをやったに違いないと勘ぐる。あるいは上手に立ち回ったとか、そういうかたちでしか評価できなくなってきているのではないか。

社会というよりおもにマスコミの影響でしょうが、問題は社会の風潮がそうであっても、周りの人たち、たとえば親・家族・先生・友だちなどが少なくとも努力している人は立派だと、よいお手本として推奨することをもっとやってよい。目に見えるよいお手本、ロールモデルが少ないことは問題だと思います。

それから、成功した人生というものが目標として見えないのではないかとも思うのです。努力して成功することが、お金や地位というかたちではなく、立派な人間になる、社会に役立つ人間になるという理想として見えなければならないのに、それが見えない。だから努力しないし、勉強もしないということになるような気がします。

戦前にはまだ宗教心や教育の力が機能していましたが、戦後は急速に豊かになって、環境の変化に人の心が追いついていないのではないでしょうか。

子供の人生に目標を与える

坂東● 戦前でも親は子が可愛くてたまらない、子に何かしてやりたいと思っていたことに変わりはありません。でも貧しかったので、物を買い与えるとか、ディズニーランドのようなところへ連れていってあげるという物質的なかたちはとれないわけです。喜ばせたいと思ってもそれだけの豊かさはなかったので、我慢させるしかない。いま、日本の多くの親たちは子供がほしがるものを買い与え、喜ぶであろうところへ連れていく程度には、経済的に不自由はしていません。子供が喜ぶものを短絡的に与えれば、我慢する力は育まれない。そんな成金的な、ほしがるものをすぐに与える育て方は駄目なので、それでは「唐様で売家と書く三代目」にしかならないでしょう。将来、立派な振舞いができる人間になるといった、人生の目標、モチベーションを与えることができなくなっている。全体として日本の社会はそれがいちばん大きいのではないかと思います。

村上●家庭教育、学校教育も含めておっしゃるとおりですね。戦争に負けて日本は貧しくなり、食べることを最優先し、物質的な豊かさを求めた。そしてすばらしい成長を遂げたわけですが、そのために心の問題を置き去りにしてしまった。あるいはしつけや生き方の問題を忘れてきた。それは確かだと思います。でも、ほんとうはそのようななかでこそ教育の役割というものがあるはずです。

話が飛びますが、大震災に見舞われたとき日本人がとった行動について、日本もまんざら捨てたものではないといわれました。とくに人を思う心が日本人の心の底流にあって、他人のために役立ちたいという行動がさまざまに見られました。そういうものが残っていることを思うと、まだ遅くないと思います。

坂東 ● 被災地となった東北では、さいわいコミュニティが機能しました。お互いの顔が見える共同体があったことがとても大きな力を発揮したと思います。

ただ、あの震災後の数カ月間は、日本人がみな大きな危機感をもって、これはたいへんなことだ、ほんとうにがんばらなければいけない、これまでとは生活態度を変えなければと思ったはずなのに、一年経つとなんとなく元の生活に戻ってしまって、変わるチャンスを逸したのかなという気がしてなりません。福島第一原子力発電所事故で大きな被害を受け、多くの人の生活や人生が変わっているにもかかわらず、瓦礫処理のゴタゴタぶりなどを見ると日本人全体はなかなか変わらないものだなとも思います。

グローバルに通用する人材とは

坂東 ● さらに話題を進めますが、もうひとつの視点として、国際社会からの要請といいますか、グローバル化に通用する人材をどう育てるかという課題があります。

たとえば異質な文化への共感能力、もっとわかりやすい言葉でいいますと、相手の身になって考える力があるかどうかということになります。グローバルな人材は、自分と違っている人とどう協力をしていくか、共感することができるかと発想し、違っていることを前提に、そこから共通のものは何かを探ろうとします。わかり合えるところ、協力し合えるところを見つけていく能力をもった人材といえるでしょう。

これまでは、他の価値観をもっている人たちに負けずに自分の意見を主張すること、自分のルールを貫く力をもっていることが、グローバルな場面で通用する要件だと強調されてきた気がしますが、いまではグローバルに通用する人材、とくにグローバルなリーダー像は大きく変わってきています。

リーダーシップという言葉にしても、上意下達式の「オレについてこい」的なパワーをもつことだと思われてきましたが、これからのグローバルな人材は、いろいろな考え方、価値観をもつ人たちが折れ合って生活をしていくためにお互いの考えを理解する、共感する努力が必要です。そのためにはロジカルシンキング、つまり論理的に組み立てられた話ができなければならない。自分の思い込みだけで話をしていては通じませんから、異なった価値観をもつ人びととつきあうためにも論理的思考力が必要です。

日本人の学力がたいしたことがないというのでみなさんショックを受けていますが、たんなる記憶力や知識の量を問う学力テストではなく、ちゃんと論理的、数理的な思考ができるかどうか、文章の読解力があるかどうかを測る試験でなければなりません。自分と考えの違う人とコミュニケーションをとる、対話をすることが求められているのに、教師が一方的に正解を示してそれを覚えるという教育が行われていては、通用するわけがありません。

第二ステージ教育の必要性

坂東● この場合に大切な力は、さっきの第一ステージ・第二ステージの区別でいうと第二ステージの教育で培われるものですが、それが日本ではまったく不十分です。第一ステージも弱いのですが、第二ステージも放っておいてそのままひとりでに身につくわけではない。やはりいろいろな仕掛けをつくり、場をつくることがグローバルに通用する人材を育てるために不可欠ですが、足りないと思います。

もうひとつは、グローバルに通用するには、まず自分の背負って立つ基盤である日本文化と日本の国や日本人の価値観を理解し、把握したうえで、自分たちとは違った価値観をもっている人がほかにたくさんいることを理解する。自分たちが何者なのかということをとことんつきつめて考えることが不可欠ではないかという気がします。

村上●「生まれ変われるならどの国に生まれたいか」というアンケートの統計で、日本は世界のナンバー3に入っているそうです。日本人としては意外なことで

すが。なぜかというと、六十数年のあいだ戦争をしてこなかった先進国ではめずらしい国であると。それから治安がいい。経済大国になったし、科学技術力も備えている。それだけではなく、外国へ行ったときの日本人観光客のマナーが非常によいといわれる。つまり、かたづける人の身になる。そういうことが優れているというのです。

このような評価によって、思いのほか日本は世界から好かれているようです。日本文化は自然を尊重し、自然と共生して和の心を育んできました。二千年の伝統文化をもちながら科学技術力をつけ、経済発展も遂げた。国際社会で日本の出番になるかどうかはこれからの私たちしだいなのですが、少なくともそういう役割や使命はもっているはずです。出番というのは、「こうしたら人間は幸せになれますよ」というモデルを世界に示すということでしょう。そんな役割がいま日本人に期待されているのではないでしょうか。

曖昧さのなかにある強さ

村上●ですから、二十一世紀は日本の出番だと私は最近よく話しているのです。そのきっかけが、非常に不幸な出来事ではあったのですが東日本大震災だった。東北の人びとの挫けない姿に接して、日本のよき文化的伝統はまだ私たちの底流に存在していると感じました。この先、日本が西洋と東洋をつなぐ架け橋になっていければと思います。

坂東●西洋と日本を対比して、しばしば一神教の文化と多神教の文化の違いということが指摘されます。善か悪か、正か邪か、というふうに割り切るのが進んだ考え方で、日本はそうした価値基準をしっかりもつことができない。いい加減である、曖昧で意見がはっきりしない。そういうふうに非難されてきたのですが、むしろそうした西洋の一神教的な価値観とは違った考え方をすることは日本の強みではないでしょうか。

村上●そう思いますね。曖昧なことはよいことなのです。人間には善の面もあれば悪の面もあるのですから。一方的に「こちらが善で、向こうは悪」というのでは、あまりに単純すぎる。世界平和を達成するには、一見すると曖昧にみえる日本的な価値観が必要です。

「スシサイエンスとハンバーガーサイエンス」という喩えがあります。ハンバーガーサイエンス、すなわち欧米の科学は「あれか、これか」と直線的かつ論理的になります。かたやスシサイエンス、つまり日本の科学は「あれも、これも」でぐらぐらしている（笑）。結局、考え方としては両方とも一理あるのですが、多様な価値観が対立する二十一世紀には日本人の曖昧さはむしろ長所になる。曖昧さや和の心、相手の身になるということが、これからは日本人の強さになるのではないでしょうか。

坂東●単純に割り切ってしまうのは、人間でいえば未熟な若い時期の価値観です。割り切れない、割り切らない態度こそ、成熟したひとつ上のステージだと感じますね。

女性の品格とは

坂東●『女性の品格』を書いたとき、「『自分だけ得をしたい、自分だけがうまくいきたい」、「私が私が」というふうに考える行動は人間を卑しくする。与える側、愛する側にまわる心意気をもつことが品格のある生き方になる」ということを結論にしました。誰かから何かをしてもらうだけではなく、与える側になり、いい気持ち、陽気な心、喜びを与える側に立つという気概をもつことこそ、人間としてレベルが一段上です。ぜひ、そういう生き方をめざしていきましょ

曖昧さが二十一世紀に日本人の強さになる（村上）
割り切らない態度は人間の成熟の証し（坂東）

う伝えたかったのです。
女性についていえば、子供を産んで育て、そういう価値観を子供たちにも伝えなければいけないのと同時に、どういう男性を選ぶかという部分でも影響力を発揮できるのではないかと思っています。お金があり、力があり、地位も高い、そういう男性をすばらしいと思うのか。それとも、たゆまぬ努力をして、自分を高めよう人に与えようとしている人を評価するのか。それによって男性のあり方も変わってくるのではないでしょうか。女性がまず自分たちの価値基準をしっかりもつことがとても大事なことではないかと思っています。

村上●品格というのは非常にいい言葉ですが、これにぴったりの英訳はあるのでしょうか。

坂東●dignityという言葉を当てていますが、少し違いますね。これは「尊厳」というニュアンスになるでしょうか。dignityはサムシング・グレートに近い感じがします。
品格ある女性にはいろんなレベルがありますが、私は七つの力をもちましょうといっています。自分をおとしめる発言や行動をしない。自分を褒めたくなるような行動をする。言葉を出す。その小さな積み重ねが品格につながる。心のなかで何を思うかについてはなかなかコントロールできませんが、いい言葉を発する。人を助けるよい行動をする。美しくふるまう。それらのことを一つひとつクリアする積み重ねを学生たちに勧めています。

村上●なるほど。それから「凛《りん》とした女性」というのはとてもよい言葉です。私が出会ったそういう女性は、対談でお会いした拉致被害者家族連絡会の横田早紀江さんでした。命に代えてもわが子を取り戻したいという母親としての切なる願いはもちろんのこと、日本を凛とした国にしたいという思いが伝わってきました。すごい方です。残念ながら、そのような凛とした方がいまはあまりおられない。かつては、日本に凛とした女性、品格ある女性がいることを、日本に来た外国人たちが評価していたのですが。

利他的な遺伝子が共生をもたらす

坂東●自分のためにではなく人のために、ということですが、ご専門の遺伝子研究の世界で有名なドーキンス博士が「利己的な遺伝子」といっているのに対して、村上先生は「利他的な遺伝子」とおっしゃっています。

村上●両方あると思うのです。利己的という場合は、やはり自分のコピーをつくることを最優先している。子孫を残すだけでなく、身体のなかで新陳代謝によってつねにコピーをつくっていますから。それを利己的といっておりまして、現在はドーキンス博士のようにそちらの説が幅をきかせているわけです。

私はそれに反論しました。もちろん自分のコピーを残す遺伝子もあるけれど、利己的なだけでは生きられないと述べたのです。細胞は自分のコピーをつくるけれど、他の細胞を助けているのです。助けなければ臓器の働きはできない。臓器は自分の働きを行いながら、他の臓器を助けている。見事な助け合いがあるからこそ生きていけるわけです。お医者さんに「そういう助け合いはどのようにしてやっているのですか」と訊きますと、自律神経だという。では自律神経を動かしているものは何かと訊くと、わからないという。そういう助け合いがでたらめにできるわけはないので、どこかにちゃんとした情報が入っているはずです。私はそれが利他的な遺伝子だと考えています。

ドーキンス氏と論争したわけではありませんが、両方の遺伝子がなければ生きものは存在できない。利己的・利他的ということを超えた世界が必ず存在すると思います。そういう利他的な遺伝子が二十一世紀には見つかるはずですし、ぜひ見つけたいと思います。

坂東●調和しなければ存在できない。共生しているわけですから。臓器移植や人工生殖などいろんなかたちで自分の遺伝子のコピーを残そうとする動きがありますが、人間が「オレが、オレが」という業から解放されることが必要ですね。

村上●細胞のなかには、死のプログラムも誕生のプログラムも両方あります。日々細胞は死んでいるわけで、だから生まれてもくるわけです。ですから、死というものを人間は避けたいと思うのですが、自然の摂理として誕生と死はペアである。現在、世の人はなるべく死にたくない、治療したいと考えるのですが、限界があることを知らなくてはなりません。■

対話3

ベルクソンと遺伝子

村上和雄×
前田英樹

Maeda Hideki

●第三対話者　前田英樹（まえだ ひでき）

批評家・立教大学現代心理学部教授

昭和二十六年（一九五一年）大阪府生まれ。中央大学大学院文学研究科修了（フランス現代思想）。思想・言語・身体・美術・映像など幅広い対象について評論活動を展開している。主要著作に『沈黙するソシュール』『小林秀雄』『倫理という力』『剣の思想』『絵画の二十世紀』『言葉と在るものの声』『独学の精神』『日本人の信仰心』などがある。近著に『信徒 内村鑑三』『民俗と民藝』『ベルクソン哲学の遺言』ほか。弊社からは『保田與重郎を知る』を上梓している。

直感という精神力

前田英樹（以下、前田）● 村上先生のご著書を拝読して、たいへん感銘を受けました。私はもともと大学でフランス哲学を勉強していまして、なかでもアンリ・ベルクソン（一八五九―一九四一）という哲学者が好きで現在も愛読しております。最近、そのベルクソンと現代物理学の関係を書かねばならない仕儀に立ち至りましたが、大筋は見えているのにうまくつながらない。そんなときに先生のご著書を読みまして、「ああ、これなら」と思いました。保田與重郎の言葉に「求めていれば読むべき本は向こうからやってくる」というのがありますが、そういうことなのでしょうか。神慮が働いた、そんな気さえいたします。

村上● 人も求めていればくるものでしょうか。

前田● そうでしょうね、求めていれば。

アインシュタインの特殊相対性理論は時間の問題にかかわるものですが、この理論はベルクソンが哲学をとおして考えてきたことと深く一致するのですね。それはベルクソンにとっては

「求めていれば向こうからやってくる」という感じだったのでしょう。

ただ、ベルクソンから見てアインシュタインのいっていることは一点だけ奇妙なパラドックスをもっている。それは時間の複数性という点です。光の速度によって多様な時間があるというのは、明らかに私たちがもつ普通の実感と異なります。ベルクソンにしてみたら時間の問題と生命の問題、魂の持続の問題は一つですから。これは違う、時間がいくつもあるなんておかしい、宇宙には唯一の時間しかないはずだという考えがあるわけです。しかし、アインシュタインがいったとおり光の速度を軸にとったら多様な時間が計測されるという考えもわかる。ベルクソンはそれをなんとか統一しようとして、こうじゃないかというようなことをアインシュタインにいったのです。

そのときのアインシュタインの対応がすごくそっけない。木で鼻をくくるというか、「哲学的時間などというものはありません、物理的に計測すべき時間があるだけです」ということをいうのです。アインシュタイン自身はそういうことをいってあっさり片付けるような人ではないはずなのに、そんな対応をした。そのあとベルクソンは『持続と同時性』というすばらしい本を書くのですが、それをアインシュタインは読まないのですね（笑）。

相対性理論の「誤解」を周りからさんざんいい立てられて、すっかり嫌気がさしたベルクソンは、この本を絶版にしてしまいます。死後も出すなと遺言するのですが、読んでみると、これがすばらしい。そこには哲学と科学との極限の対話とでもいうべきものが成立しています。科学に対していわば魂はどう在るのか、という問題ですね。

村上 ● 面白いお話です。魂と遺伝子の関係に取っかかりができないものか、とちょうど考えているところでしたので。

前田 ● ですから先生がお書きになっていることは、私が考えていたことと同じ領域の問題なのだとすぐにわかりました。

村上 ● 「魂と遺伝子」「魂と科学」というのは究極のテーマで、そう簡単に答えも出ないし、簡単にわかったつもりになってもらっては困ると平澤興先生もおっしゃっていました。じつは教育にも関係します。魂の教育をやっているかどうかという問題ですね。おそらくそういうものが現在の教育には欠けている。身体と心といわれますが、そこに魂といわれる何かを入れないと人間というものはわからないのではないかと。ところが「魂とは何か」という問題は、まだ科学的にはほとんど手がつけられていません。

前田 ● 私がとくに感銘を受けたのは、科学というものがどんな方法に基づいていて、そのためにどこまでのことしかわからないのか、ということについてのじつに明晰なご指摘です。

魂の領域、「サムシング・グレート」にかかわる領域に至れば、科学の方法ではなく、直観や瞑想といった方法が必要だということを、ほとんどベルクソンと同じ発想で先生は述べていらっしゃいます。

科学は動いているもの流動しているものを静止状態にして、たくさんの単位に分解し、単位と単位の関係を記述していく。現代物理学でも古典力学でも、そういう方法をとらざるをえない。また、そうやってわかることがたくさんある。遺伝子と呼ばれるものも外見上はそうした単位ですね。原子、分子、素粒子、量子、みなそうだと思います。科学を応用的観点から扱うかぎりはそれでいいのでしょうが、そうした単位と魂の運動はほんとうは連続していると思うのです。

魂が波及する教育を

前田●魂の連続している運動を運動のままとらえようと思ったら、直観以外の方法はない。直観とは神秘的なインスピレーションのことではなくて、分析とは別のもうひとつの精神の能力です。そういう知性以上の能力が要求されるのだということを、村上先生はわかりやすい言葉で誰にもわかるように書いておられていて、驚きました。勇気の要ることです。

教育は魂にかかわる事業です。科学を子供たちに教えるにしても、その科学をつくりだすのは人間であり、人間の魂の創造力です。その魂の動的な態勢から記号として実現された科学の表現へ、というプロセスを子供たちに少しでも体験させて、気持ちを活気づかせる、それが教育の役割であって、教育というものはそれ以外にありえないと思います。知識を並べて暗記させても人はすぐに忘れますから。

現在の学生は、教養の質が年を追うごとに劣化しています。なぜかというと、みんな忘れてしまうからでしょうね。中学校から高校までに習ったことを、大学に入ったらきれいさっぱり忘れる。忘れるようなことしか習っていないからだと思います。

人には忘れることと忘れないことがあります。私たちはたくさんのことを忘れる。忘れていいことだから忘れるのです。ところが忘れられないようなことは——ここが微妙なところです

魂の教育をしているかどうかが問題だ（村上）
魂にかかわる事業という以外に、教育の役割はない（前田）

が――ひとつのものを創造する魂の態勢といいますか、そういうものがいったん植え付けられた場合には、その子はそれを忘れず、なにをやっても一生よい仕事をしていくと思います。そういう子供を養い育てていく教育が現在、小学校のころからなくなっていて、これでは教養は劣化するばかりです。

それから過去を尊敬するということも習わない。だから、ただいまある自分だけがよくて、横並びの知識ばかりを増やしていって結局すべてを忘れる。ほんとうの教養というものは現在、壊滅状態にありますね。では、これをどうしたらいいかということになるのですが……。

村上●学生が科学を面白いと感じる場合は、物質の構造や成り立ちはもちろんですが、どの技術がどのようなプロセスで発見されてきたかということなら、文

系の学生でも面白がるものなんですね。

話は飛びますが、私の定年退官のときの講義のタイトルは「私のナイト・サイエンス」というものでした。ふつうは自分のやってきた業績結果をスライドでしゃべるのですが、私はどんな経過で誰と出会ったか、どんな感動的なことがあってそれが研究にどれほど思わぬ展開をもたらしたか、というプロセスを話しました。つまり、昼の「デイ・サイエンス」が結果であるのに対して、「ナイト・サイエンス」はプロセスなのです。結果だけをいくら教えても、特殊な子は興味をもちますが、一般の、とくに文系の人にとってはどうでもよいことです。

たとえば、このＤＮＡはどんなプロセスで発見されたか。それをふつう実験といいますが、興味のある実験は面白くて忘れられない。そういう実験を軽視して知識だけを教えると、無味乾燥で眠たくなるのです。

前田●まさにそうですね。科学の実験だって、ある人にとっての固有の経験のはずです。私は子供のときから、興味がないことは全然耳に入ってきませんでした。好きなことを考えているとあっという間に時間が過ぎてしまい、先生が教室でなにをいったかなんてまるきり覚えてなかった。まことに困った子供でした。どうしてそうなったのか、私にも言い分がないわけじゃありません。

科学者は、精神のなかに潜在的なダイナミックな図式《シェーマ》というものを初めにもつことから仕事に取りかかる。結果に到達するずっと以前からそういう図式をもっています。その人は時間をかけてそれを具体的な数式に直したり、いろんな記号や事物に展開したりして現実化していく。潜在的なものから現実的なものへの展開過程にクリエーションがあるのです。そのクリエーションを追体験させなければならない。結果から図式のほうへ行くのではなく、図式を魂から魂へと直観的に伝わるように教えると、結果に展開していく力を生徒はおのずからもちます。教師が子供に与える影響力はそんなものだと思うのです。知識ではない、何か人格的な力が波及する。そんな影響を及ぼすのでなければよい教師にはなれない、と私は思います。

村上●そういう教師をどうして育てるかが問題ですね。

前田●やはり大事なのは教師になるカリキュラムではなくて、その人がどう生きているかではないでしょうか。

村上◉自分が面白いと興奮する、そんな経験を積んでいるかということですね。東北大学の先生から聞いた話ですが、東日本大震災の直後、偏差値秀才ではなく、むしろ落ちこぼれのような学生が力を発揮したそうです。偏差値秀才はマニュアルがないと何もできない、と。非常時だけでなく、研究においても偏差値は必ずしも重要ではないと私は思っています。

垂直的思考の大切さ

前田◉偏差値的な知識は水平面に結果だけが並んでいるようなものです。トランプの札みたいに。そういう水平的な精神の働かせ方は、ほとんど動物的なものだと思います。人間的な精神の働かせ方は垂直的なものではないでしょうか。

先ほどの潜在的な、ダイナミックな図式ということですが、たとえば自転車を発明した人にもそういう図式があったに違いない。図式はなにか抽象的な諸力の交わりを示すだけですから、それを具体的な複数の部品に配分し、構成していかなきゃならない。結果として自転車の発明になる。ところが学校教育では、できあがった自転車を分解して並べ、部品を見て覚えるということをやる。そうなってしまうと、自転車を発明したときに存在したはずのダイナミックな図式、これが部品を生み出し、その働きを実現させた過程は教えられません。完成品を分解して部品名をすべて暗記しろ、などといわれたらたまったものではありません。

村上●登校拒否するのが当然かもしれませんね（笑）。

話が変わりますが、私は「師友塾」という不登校児が集まる学校にかかわっています。もう九年になりますが、最初はとくに期待もしていなかったのに、行ってみると子供たちの目の輝きが違うことにびっくりしました。私の話がストレートに彼らのなかに入るのです。あとから感想文を書くのですが、あまりに立派なので「先生が添削されたのですか？」と訊きますと、「うちの生徒は親や教師が何をいっても自分が納得しないとやらない。すべて自分たちで書きました」と。ほんとうに立派で、私は不登校児のイメージを一新しました。それ以来、応援団の一人として行っています。

彼らはすばらしい感性をもっているが、現在の学校教育にはなじめない子供たちです。競争社会は面白くない。面白くないのになぜ学校へ行って座っていなければならないのか。拷問のようなもので、逃げ出すほうが正常かもしれない。

でも「師友塾」の取り組みを可能にしているのは、塾長の熱い思いです。この子たちはけっして悪い子ではない、すばらしい子供たちをなぜ社会は引き受けないのか、疎外するのか、という思いがある。必ずこの子たちを立派な人にするというのが塾長の志でした。

七千人の不登校児を立ち直らせたそうで、不登校の子がそこへ行くと変わるんですよ。まさに教育の力、教師の力です。初めて大人の本気を見たと子供がいうそうです。ふつうは教師も親も本気じゃない、ぶつかってこない。でも、そこでは子をなんとかしてやろうという愛情や志がある。それが教育の原点です。むろん不登校にもさまざまなケースがあるのですが、感性は優れているのに競争社会になじめない子供を落ちこぼれにしている現在の学校教育のほうに、じつは問題があるのではないかと思っています。

前田● そうなんですね。さっきのいい方をしますと、不登校児になるような子供は垂直的な精神の傾向をもっている場合が多い。精神の働き方に本質的なものがある。創造的なプロセスはそこにこそ生まれやすい。そういう子供たちを受け容れる大人は、その人自身がもともと垂直的な考えをする方なのでしょう。だから熱があって気持ちが開かれている。熱がある人間には、誰に向かっても気持ちを開く用意がある。それを、子供たちもすぐに見抜くのです。

村上● 本気かどうかということですね。いまの大人は本気じゃない。

前田● そう、逃げているんですね。横に並べた部品を暗記することがどんなにつまらないか、うすうす知っていますから。そういうことしかしてこなかった自分に自信がないのです。

大学の教師というのもそういう人が多い。結局、学問というものを人を差別する手段にしている。試験なんてそうでしょう。偏差値で順位をつけるのですが、それぞれの気質や体質と一緒にもっているような創造力に一位や二位をつけようがないし、まして点数で測るなんてありえないのですが、そういうことをいえないのでしょうね。

頭ごなしに教えるのがよい

村上● 江戸川学園という学校があります。ここの中学・高校で二回ほどしゃべらせてもらったのですが、先生の志が高い。本当のエリートをつくりたいということで、そのモットーは「人格を磨けば学力が伸びる」でした。校長先生が全校生徒を集め、論語とかを引用しながらこの方の哲学をお話しになる。それをすべて一言一句もらさず書きとらせるのです。書けない学生がいたら放課後に残ってみんなで見せ合って、とにかく筆記して提出する。これを校長がすべて点検するのです。トラックに半分もの量を全部添削して返す。それを繰り返すうち、生徒が変わってくるのですね。

ここは開学三年目で高校の野球部が夏の甲子園大会に出場したことでも有名ですが、いまや一流の進学校になってしまいました。30台ぐらいの偏差値の生徒しか入ってこなかったのが70台になり、茨城県で最も優秀な進学校になった。でも、ただの進学校ではありません。校長先生の信条は、知識だけを教えては駄目だということです。豊かな感性や思いやる心、困難に負けない人格をつくることだと。そのために「人格を磨けば学力が伸びる」というモットーを掲げたそうです。

このやり方を、その学校がある取手という地名を合わせて「江戸取流」と称するそうで、『江戸取流「学力革命」』という本も出ている。こういうことをやっている人や実例が現にあるわけです。でも、いまのところは例外的なケースでして、一般の高校や中学の教育でそういうことができないものかと思います。

前田●論語の書きとりをやると、どうしてそうなるのでしょうか。

村上●それはわからない。しかし、ユダヤ人にはノーベル賞受賞者がたいへん多くて百数十名もいますが、なぜそんなに優秀なのか、創造性があるのかというと、幼少の時期にわかろうがわかるまいがユダヤ教の教典《タルムード》を叩き込む、ということがある。日本の江戸時代の素読のように、です。それがよいのではないでしょうか。

じつは日本にもそれをやっている幼稚園があります。廊下に座らせて、園児に「子曰く……」とやらせている。足がしびれないかと親が心配しても子供はやるらしい。また、一流の人を呼んできて話を聞かせたり、一流の音楽に接するようにする。立派な講堂があって、小さいときからそういう一流のものに触れる機会を与えていると聞きました。

ほんとうは教師がそういう役割を果たすべきです。先生がまず身につくような教師になって、言葉だけで教えるのではなく、身体というか、魂を通して教えるような授業をやれば、子供のなかに何かが入っていく。でも、それがいまの日本にはない。生徒は教師や親を尊敬していない。その点では、国際比較で断然日本が悪いようです。

前田●子供がそうなのは、そういう教育をしているからでしょう。日本では立派さのあるものはなんでもかんでも引きずり降ろしてしまう。

村上先生は自然科学は疑うところからはじまるとおっしゃっていますね。ニュートンがいったことでもアインシュタインがいったことでも、それをまず疑ってみるのだと。それはまったくそのとおりだと思います。けれども、思想や文化というものは、過去にあった偉大なものを無条件に信じるところからはじまると私は思っています。

たとえば、論語は偉大な書物だと頭ごなしに教える。昔の人がいった意見として知っていなさい、覚えていなさい、というのでは効果がない。これはよいもので価値があるから、信じ

わかろうがわかるまいが叩き込む。それがよい（村上）

過去の偉大なものを無条件に信じることからはじまる（前田）

て暗唱しなさいと教える。そうでなくては育たないのです。つまり、魂に植え付ける苗みたいなものが存在するのですが、そういうことは自然科学では成り立ちにくいのでしょうか。古典は徹底して信じ、暗唱するのでなかったら古典たる理由はありません。暗唱できる言葉を生涯にわたってどれだけもっているかということが、その人の教養を測る大きな尺度なのです。

村上● なるほど。科学者も疑いはしますが、ほんとうは「世の中には真理があるはずだ」ということを信じています。そこはやはり無条件でして、それがないと研究しても意味がない。人がいうことは疑ったりしても、世の中に真理があることは信じる。真理がなければこんなに自然がきちんと調和がとれて運営されているわけがない。それがあるかないかすぐにはわからないが、根本のところで科学者は信仰者であり、信じています。そういう点で、科学は信仰に近いところがある。

前田● そうですね。デカルトやニュートンも、アインシュタインも、みな真面目な信仰をもっていましたから。

そこにいるだけで強烈な感化を与えるキリストや仏陀のような存在は、その人に接しただけで相手を変えることができたと思うのですが、ふつうの人間はそんなふうに生まれついていません。するとほんとうに人に伝わる魂のようなもの、誰かに感化を与えて触発するようなものは、身体を使った手技から入っていかなければ仕方がないと思います。

手技に学ぶ教育を

前田 ● 手技といっても大工や料理人のような職人だけではなく、科学者にしても物事を考えるときの最初の図式《シェーマ》からの展開の仕方、発想の仕方は、その人が修練した一種の技なのです。たんなる知識ではない。その人の魂も身体もすべてをかけた、ひとつの技の獲得というものがある。それは独学でないと身につかない。自分でやってみるしかない。

独学がよいというのではなくて、独学しかありえない。独学によってしか学ぶことが不可能なのです。どうしてかというと、自分の身体をとおしたことしか人はわからないからでしょう。身体はみなそれぞれ違います。一人ひとり手のつき方も足のつき方も違うし、感じ方も違う。めいめいの無限に違う身体をとおして、ひとつの真理に到達していく。そうして得た真理は、その人その人の、それぞれ異なる言葉、異なる技で示されてはいますが、根底に流れるものは同じです。

そういうことをやっていれば面白いし、人の気持ちを揺さぶる。子供たちもついてきて、心が開かれると思うのです。大学もグローバル人材の育成などと称してさまざまな取り組みをしてはいるのですが、世界の金儲け競争に勝つためにやっているようなもので、そういう発想そのものが恥ずかしい。それぞれがわが身に得たもの、魂の手技でやっていれば、おのずと誰に向かっても、どこの国に行っても、どんな他人を前にしても心は開かれるはずです。

村上●バイオテクノロジーのような新しい学問をやるときは、新しいテクノロジーを開発したときに壁をひとつ越えられます。私の経験でいうと、腎臓の中にある酵素レニンという高血圧に関係する物質をつかまえる手段が開発されたことで、私たちの研究成果に結びつきました。これを開発してくれたのは遺伝子工学の技術ですが、それを自分たちのものにしたことで、脳の中にあるレニンの抽出に成功する成果が生まれたのです。

少数の私どもの研究所のメンバーがそういうことを見て学んで、それを活かすことで、ぶつかっていた壁を越えることができた。テクノロジーはやはり多くの人数ではなく、初めは少数の人に開かれ、身につくようになるのでしょう。

前田●テクノロジーはそれを受け取った人のなかで少しずつ深化させることができる。それぞれの心身に適応するように少しずつ変わるものですね。

村上●もちろん応用の仕方は人によって違います。何を知りたいかというその人の問題意識が大切です。テクノロジーを何のために使うかは人によって違っても、何かのために知りたい、何かに興味があるからその目的のために使いたい、というときのワクワク感は共通する。テクノロジーのためのテクノロジーではない、ということです。

前田●そうなのでしょうね。科学者の使命感というものは、まったくその人の人格、心の態勢からくるものなのでしょう。村上先生は遺伝子学の最先端を行きながら、イネの全遺伝子の解読はどうしても日本人の手で一番乗りをやる、やらないとメンツが立たない、という科学的にはちょっと説明のつかない意気込みで心身をすり減らされた。あれはなんともうれしいお話です。

日本人の使命感

村上●なぜ日本でイネの全遺伝子の解読をやらなければならないと思ったかというと、私は農学部出身なのです。医学部に長くいたのでその方面の仕事も多かったのですが、その前にイネの蛋白の仕事を何十年もやっていて、それがイネに結びついた。

それから恩師がイネの栄養化学で文化勲章をもらった方で、この人がまた偉い先生でした。

平澤先生より年齢は少し下ですが、「国立大学は国の税金で養われているのだから、世のため人のためになる研究をやれ」といつもいっておられた。いうだけでなく自分も実行されていて、九十歳になっても特許を出願するようなチャレンジ精神をもっておられた。「日本でなくてもいい大学はあるのだから、外国でいい仕事をしてこい」というような方でした。私はよい先生に恵まれました。

でも、イネの全遺伝子の解読はほんとうにしんどかった。無謀でしたね。痩せる思いといいますか、ほんとうに痩せました（笑）。

前田●日本人が最初にやらなければとお考えになった、そこのところをもう少しお聞かせいただきたいのですが。

村上●それはやはり二千何百年も稲作をしてきたということが、日本人の生き方、考え方に大きな影響を与えているからです。農耕民族はやはりイネをつくってきたと思っていまして、それが日本文化の遺伝子です。これを「ヤンキーなんかにやられてたまるか」と(笑)。

前田● イネが日本の文化、文明の基盤である、というお考えはいつごろからおもちだったのですか。

村上● それは私が農学部の出身ということもありますが、両親が農家の出で畑をつくっていたんですね。だから農学部で学んだことより、子供のころから母と土を耕している記憶が強かった。しかも稲作は日本人にとっては特別のもので、小麦・大麦・トウモロコシはすべてイネ科。イネで遺伝子暗号を解読すると、世界の主要穀物の遺伝子暗号の推定がつく。

そういう点で農業上も文化として重要ですが、そもそもが神話に出てきます。「豊葦原《とよあしはら》の瑞穂《みずほ》の国」ですから。天照大神《あまてらすおおみかみ》の時代から神話に稲穂が出ていて、「稲魂《いなだま》」という言葉がある。イネにも魂があると日本人は考えてきた。日本文化の基底にある特別な植物です。

前田● そうですね。私は若いころ、保田與重郎の本はどう読んだらいいかわからなかったのです。ところが、五十歳近くになってふとその核心がわかった日がありましてね。

人間は米をつくって、四季の循環のなかで毎年イネの成長、収穫を季節の循環と一致させ、そのなかでみなで協力して働いて生きていく。これがいちばん「神意にかなう」生き方だ、と。その「神意にかなう」というところをいい加減に読んでいたことに気づいたのです。そこか、これなんだなと――。

米をつくって生きるということが最も「神意にかなう」。そういう生き方を日本人は深く許されているんですね。世界中どこを見渡してもこんな国はない。自然のあらゆる循環がそうでしょう。ヨーロッパの寒冷な厳しい地域では、牧畜や狩猟なしではやっていけません。すると西洋文明は気の毒な、同情に値する面をもっているともいえる。私たちの文明こそは――こういう言い方をすると顰蹙《ひんしゅく》を買うかもしれませんが――世界のなかで優越する、「神意にかなう」文明の基盤を確立してきたのです。

村上●神の国日本ですね。

前田●二千何百年前、あるいはもっと前からかもしれませんが、そういうことがいえます。柳田國男の民俗学が最も証明したかったのはそこですね。柳田も農学部出身です。最初は甘ったるい新体詩を書いていましたが、翻然として農政学に入っていく。世のため人のためになる学問でなければ耐え難いと感じるようになる。それがだんだん農に関する科学や知識ではなく、日本人の農を中心とした暮らしの解明がいちばん大切だという自覚になって、最後に日本固有の問題を究める民俗学になりました。

先生のイネの全遺伝子の解明でずいぶん品種も解明され、技術的にもよくなるのでしょうが、それ以上に大事なことは「神意にかなう」農の暮らしをさまざまな形で日本人が取り戻すことではないでしょうか。暮らしのなかにある驚くべき農の技能というものがかつては当たり前のものとしてありました。土壌の変化、季節の変化をその年ごとに読みながら、間違いなく最良の米をつくりだしていく。

でも、そういう技術をもった農家は現在ほとんど壊滅状態になりましたね。耕作を放棄して補助金目当てで農地をもっていることもめずらしくない。つまり、農が暮らしのなかから滅んでいるわけです。これではサイエンスが品種改良に役立つようなテクノロジーをいくら生み出しても、我々の暮らしのなか、心のなか、文明のなかから農が滅んでいくばかりです。

村上● 敗戦後の日本は農を犠牲にして工業が栄えて経済発展してきましたが、非効率だといって切り捨ててきたツケがいま回ってきました。そういう意味では文明の危機でもあるわけです。

前田● 非常に危機的です。原子力の問題も象徴的ですが、西洋近代文明が行き着くところまで行って、これからどうなるのか……。かつて帝国主義の時代は富んだ国が貧しい国を搾取して繁栄する、それでいいのだということになっていましたが、うまくいかなかった。それでこんどは世界中の人間がアメリカをモデルに、まあハンバーガーみたいなものをたらふく食べて暮らせばいいという考えになってきた。それが民主主義の幸福だと。しかし、それも必ず破綻すると思います。

まず、すぐ資源がなくなります。絶対的な食糧難がくる。世界中がたとえば日本並みの「デパ地下」をつくったら食糧難になるしかありませんね。では、どうすればよいか。もうわかりきっています。地球全体が「神意にかなう」生き方に近づいていくしかない。

日本は二千何百年前に米作りによる文明の基盤を確立して、それからいろいろな苦労をした。中国大陸や欧米との付き合いで、日本人はほんとうに苦労してきました。いま、中国やインドを先頭にアジアはようやく西洋近代の富に追いついて浮かれ騒いでいます。だから、浮かれ騒いで失敗を重ねてきた日本がいまこそアジアに向かって「アメリカの後を追ってはいけない」といわなければならない。それは神意にかなわない、とんでもない破滅の道ですよ、と。日本人しかそれをいえる民族はないのではないかと思います。

村上● そもそも天照大神の孫が日本に遣わされたとき、稲穂を渡しています。稲穂の力で世の中を治めてくれと。だから「神国日本」というのはある意味で正しくて、軍国主義と結びつくのはまずいですが、本来は世の中を平和に治めるための言葉でした。

前田● 西洋の概念で「神」を考えると「神国日本」はとんでもない妄想になるけれど、そんなことはありませんね。「神国日本」とはもともと、「神意にかなう」暮らしの原理をこの場所で確立したという意味です。この記憶をなくしてはいけない。

村上●「共生」という言葉も、『古事記』で共に生まれると書いてあります。共に生まれ、共に生きるという。千三百年前の記紀・万葉の時代から使われてきた言葉です。

縦の系譜を自覚する

前田● 今日の道徳では、みんな友だちと仲良くしようという話になる。せいぜい、いじめはいけませんというような。でも、ほんとうの道徳の根幹は横並びになろうとすることにはありません。西洋の「倫理」は横並びの思想です。東洋の「道徳」は縦の系譜を自覚することに

神意にかなう原理を確立した記憶を失わないこと（前田）
共生という言葉も記紀・万葉の時代から使われていた（村上）

あるでしょう。縦の系譜を自覚するとは、歴史のなかにはどんな人がいたか、どういう暮らしを私たちはしてきたのかを深く知ることです。そしてそれに対する感謝、信仰をもつことだと思っています。これをあまりいいすぎると誤解されるので、控えめにいうようにしているんですけどね。

村上●日本にはすばらしい歴史があり、先人がいて、しかも西洋の科学技術にも学び、経済大国にもなって、快適な生活ができるようになった。

ダライ・ラマ法王と何度か対談をしたとき、法王は「二十一世紀こそ日本の出番」といわれまして、初めは私も「ほんとうかな?」と思いました。

たしかに日本にはすばらしい文化的な伝統があります。天皇陛下がお田植えをされたり、草刈りや収穫をされる、そういう国は世界にない。それは神話にまで遡る文化と伝統であり、自然との共生、自然への畏敬の念です。そういうものをもちながら、他面で科学力や技術力も二十一世紀には依然として求められている。相手を征服するためでなく、世界平和に役立つような科学や技術が必要ですし、人口がこれだけ増えているので、それをまかなうためのテクノロジーが欠かせない。その両方のバランスをとれる国は、日本しかないのではないかと思い至りました。

ですからダライ・ラマ法王がいわれる「日本の出番」とは、なにも日本が経済大国になることではなく、こういう生き方をすれば世の中の人が幸せになれますよということを発信できる、そういうことではないかと。

前田●まさにそうだと思います。古い伝統があり、しっかりした基盤をもつ国で、しかも大帝国とのつき合いで苦労をしてきましたからね。日本人はじつに苦労してきて、明治以降も第二次世界大戦後も、ほんとうに一生懸命やってきました。これだけいろいろな苦労を背負い込んで少しずつ克服してきた国は世界にほとんど例がない。その意味でも、日本人は世界に向かっていうべきことをいえばよいと思います。

村上●道徳を教科にするという話があるようですが、算数や英語と同じように道徳教育に点数をつけるやり方はやはりうまくありません。それを全部超えているところに道徳や倫理があるはずで、点をつけるためのものではない。点をつけないと真剣にならないからといっても、「あなたは道徳八〇点」なんてね（笑）。

それより、道徳的なもの、宗教的な情操をどういうふうに教えていくのか。まず大人自身がよく知らない、先生方が知らないでしょう。戦争に負けたショックが大きくて、古いものをすべて否定してきましたから。

でも、そろそろ復活しないといけない。世界の平和や繁栄のために自分たちのもっている文化の力、科学技術の力を使って貢献するという大きな志を日本人がもつようにしなければ。そのことを教育で子供たちに教えていく。そして子供たちも日本人に生まれてよかったとワクワクしながら、しかし自分たちだけのためではなく、世界の人の幸せに役立つことを考えるようになってほしいと思います。文部科学省にはむずかしい問題かもしれませんが。

遺伝子にも神意は働く

前田●やはり縦の系譜を教えないと駄目です。日本がもってきたよいもの、卓越した文明の基盤を教え、そのなかで偉い人がたくさんいて、無名でも立派な暮らしをした人が無数にいたことをきちんと教える。優れた生活の基盤がどこにあるかを教えるのが道徳教育ではないでしょうか。

幕末から明治初期に日本にきた外国人たちが書いていますが、日本人ほど親が子を可愛がる国はないらしい。実際にそうだったようですね。ご飯を食べるときはみんなで同じものを一緒に食べ、子が親にまとわりついても叱らない。それはやはり農の暮らしが基盤だからです。日本人の親子の情愛の深さは米作りの暮らしからきているので、そこから考えないとわかりません。

ですから、愛情は道徳なのです。愛情にまさる道徳はない。そのいちばんの基盤にあるのは、親が子を大事にする、命をつなぐという気持ちですね。命が命をつないでいく。新しく生まれてくる命を愛し、大事にする。ここが道徳の根幹ではないでしょうか。ああしちゃいかん、こうしちゃいかんという禁止事項で成り立つような道徳は働きません。

村上●遺伝子は利己的だという説が有力です。『利己的な遺伝子』という本がよく売れるし、説得力もあるのですが、やはりそれは西洋的な考え方なのです。たしかに自分のコピーをつくったり、自分の身体のなかで同じ細胞をつくるのは利己的に見えますが、利己的なだけでは生きることができないと私は思っています。

細胞は少なくとも三百種類くらい性質の異なったものがあって、助け合っている。だから臓器の働きができるのです。臓器も自分の働きをやりながら他の臓器を助けているから、個体を生かすことができる。なぜこんな見事なことができるかというと、利他的な遺伝子というものがあるからです。遺伝子には一見利己的な、自分のコピーをつくることが優先のものがあるかもしれないが、利他的な遺伝子も間違いなくあると私は考えている。この説がいま認められつつあります。

前田●なければ生命は成り立たないでしょうね。そもそも最初から個体で出現してくる生命はありません。生命自体がひとつのモザイク状の運動として出てきますから、協力的なものですね。

村上●現在はやっている生命科学、ライフサイエンスは詐欺みたいなもので、生命を扱っていない。死んだものを扱っている。「死物科学」とでも名前を変えないと（笑）。

生き物の本質は、科学的にはほとんどわかりません。わからないが、見事です。本質的に助け合っている遺伝子があり、その原型は親子の愛情なのです。最近は子供を可愛がらない親もいるけれどそれは例外で、ほとんどの親は道徳教育を受けなくても子を可愛がる。それに関係する遺伝子があるらしいのです。それが変形して広がったのが利他の遺伝子だということもはっきりしています。利他に生きるということは、やはり生物が元来もっている固有の性質です。利他に生きることで人間はワクワクしたり、使命感が出る。それを私は遺伝子と関連させて考えています。

前田●村上先生はご専門から遺伝子とおっしゃるのですが、私はやはり神意が働くというか、生命そのものが神意の働くところだと考えます。でも、神様もなかなかうまくいかないんですよね。ああやってみたりこうやってみたり、失敗することが多くて。しかし結局、神様が望む、神意が働くところというのは、みなが仲よく愛情をもって幸せに生きる、それだけのことではないでしょうか。その結果、私たちの遺伝子はこんな感じになっているのではないかと思うのです。

村上●遺伝子だけで終わるのではなくて、遺伝子の暗号を書いたサムシング・グレートがあります。サムシング・グレートが神意なのです。命の親みたいなものですから。子供が可愛くて、子供の幸せを願っていても、サムシング・グレートという考え方が道徳に入らないとワクワクしてきません。遺伝子の暗号を書き込み、それだけではなくて現にそれを働かせている不思議な力がある。それがサムシング・グレートで、それが前田先生の言葉でいう神様の意志、神意ではないか。私はそう思っています。遺伝子だけで止まると、そこで終わりになってしまいますからね。

前田●遺伝子工学でも、学者によっては「遺伝子がこうだから、われわれは遺伝子にそうさせられているのだ」という唯物論的、決定論的な考え方を偉そうにいいますが、そういうものは全然信用できませんね。先生のようにサムシング・グレートがあって、その結果、遺伝子がこういう配列になるのだというのでなければ信用できない。遺伝子は結果だと思うのです。私たちの身体の隅々に何かが働いた結果、その時々にとっている一つの動的なバランスにすぎない。それが私のずっと愛読してきたベルクソンの考え方です。

エラン・ヴィタールとサムシング・グレート

村上●サムシング・グレートという、自然や生命に対する畏敬や生き物への不思議なありがたさを、子供たちだけでなく親にも知ってほしいのです。子供は自分たちのものだと親は思っているかもしれないが、じつは自分たちの力でつくっているものではない。ほとんど祈ることしかできないのです。顕微鏡でやっと見えるくらいの細胞が十月十日で三キロから四キロになるんですから、神業でしょう。あそこに神意が働いている。自分はそれに与《あずか》っているだけですよね。三十八億年かけたドラマが母親のお腹のなかで起こって、子供が生まれる。それをサムシング・グレートといおうと神の働きといおうと、とにかく人間業を超えた命の不思議がある。素粒子から人間が生まれてくるわけではないのです。

前田●生命物質をアミノ酸なんかに還元してそう名づけるのでしょうけれど、物質というのはものすごい速度で再生され続けているので、細胞もそうでなければ存在していません。私たちの想像もつかないような速度で再生され続けている。そのなかに死や生と私たちが呼ぶものがある。そういう考え方とともに道徳を教えられるといいですね。

村上●死と再生のプログラム、それがぐるぐる循環しているわけです。だから、科学的知識も入れて道徳や生命について教えないと。ほんとうに不思議だと思ってもらうことが大切で、そうすれば当然、自分の命や他人の命を大切にします。

三十八億年間も続いているのですから、ただごとではない。赤ちゃんは〇《ゼロ》歳ではなく三十八億

死や生についての考え方とともに道徳を教える（前田）
生命の不思議、畏敬を親にこそ知ってほしい（村上）

歳です。三十八億年ものあいだ生命が、私どもの言葉でいう遺伝子が続いてきているわけで、だからそういう意味で生命は尊い。「ご自分の年齢に三十八億歳を足してください」と私はいろんな方に話しています。

永遠の命というのがあるのかどうか、これもわからない。それが魂といわれるようなものですが、そういうものをどうやって教えていけばよいか。たいへんむずかしいと思いますが、そこに少し科学的なフレーバー（風味）を加えて、「こういう不思議なことがあるんですよ」というかたちで生命のすばらしさを教えていければよいと思います。こういうすばらしい人がいたということ、現実にこんなすばらしいことが私たちの身体のなかで起こっているということ。これはただごとではない。人智を超えている。それはなんだと訊かれると困るので、サムシング・グレートといっているわけです。

前田●ベルクソンのいうエラン・ヴィタール（élan vital 生の躍動）はサムシング・グレートを考えなければ説明がつかない。私たちの身体は物質と生命の中間で獲得されていますが、そうあらしめているのがサムシング・グレートなのですね。これを曖昧にして脳科学などをもちあげても駄目だと思います。脳科学が完全になったら、心理学などはもちろんのこと文学も哲学も不要になる、そんなことを平気でいっている「脳科学者」がいる。いまの子供たちはそ

んな考え方にどっぷり浸《っ》けられているのです。
ベルクソンはその時代の最先端の科学をたえず参照する人でした。その科学が示す結果をどう受け取るか、科学的な推論のどこに錯誤があるのか、それをとても忍耐強く考えていった。サムシング・グレートからの発想が科学にはないから、科学自体の内部でもしばしば解消不可能な矛盾にぶつかる。たとえば生物の身体諸器官の生成といったことに関しても、ベルクソンはそれをまさに科学的に指摘しているのです。
私たちは科学の発達した時代を生きているわけですから、その科学が提出することをたえず見ることができるし、知っている必要がある。問題はそれに対してどう向き合うかということではないでしょうか。

村上●ベルクソンの勉強をしてみたくなりました。

前田●いいえ、先生はもうなさらなくても（笑）。■

対話4

自然にかなう教育

村上和雄 ×

相大二郎

Ai Daijirou

●第四対話者　相 大二郎（あい だいじろう）

教育家、学校法人・燈影学園長

昭和十一年（一九三六年）京都市生まれ。慶應義塾大学文学部哲学科卒業。幼少時より一燈園創始者・西田天香に教導をうける。京都市山科区にある一燈園の小・中・高校で教育現場に立つかたわら、国際理解教育・ユネスコ運動・ボランティア学習・ＩＡＲＦ（国際自由宗教連盟）などの活動をつうじて師・西田天香の教えを実践。平成十七年（二〇〇五年）、ＮＨＫ教育テレビ「こころの時代」に出演。同二十二年（二〇一〇年）、教育者として文部科学大臣表彰を授与された。著書に『いのちって何？ 日本一小さな私立学校長のメッセージ』がある。

師・西田天香のヒント

村上●初めて一燈園にお邪魔させていただき、すばらしい環境で対談できることをうれしく思います。一燈園といえば創設者であった西田天香《にしだてんこう》（一八七二―一九六八）先生を想起しますが、天香先生とはどんな方だったのでしょうか。

相大二郎（以下、相）●じつは一燈園や天香さんについて説明しようとすればするほど、私自身がわからなくなってしまうのです（笑）。ほんとうにつかみどころがないというのでしょうか。一燈園は宗教の一宗派ではありませんが、たいへん深い宗教性、精神性をもっています。一燈園の生活や教育をひとことでいえばどう答えられますかという問いに対して、天香さんは「そうやなあ、自然にかなう生活、自然にかなう教育とでもいおうかな」と答えられたことがありました。

ところが、「自然にかなう生活」「自然にかなう教育」という言葉の意味がよくわからない。わかるような気もするのですが、近代的な科学から離れて、荒縄をしめて山奥で牛や馬と暮らすような生活をいうのか、あるいはまたそんな環境で子供たちを育てることをいうのか……。じつはけっしてそうではないのですが、だからといって作為をなくせばなるようになる、思いのままにできる、ということでもないようです。

これはどうやら問いへの答えではなくて、天香さんが示したヒントではないかと。「自然にかなうとは一体どういうことか、君たち自身が考えろ」といわれているように思いました。

村上● なるほど。

相● どんなふうに子供たちを預かって育てていくのか、実際の方法はお前たちで考えろといわれているような気がするのです。天香さんの弟子である私たちが、いわば禅の公案のようなものとして受けとめる。そこからいろいろ現実的な対応が出てきます。「自然」という言葉を黒板に書いて、中学生や高校生たちに何をイメージするか訊いてみます。すると、たくさん答えが出てくる。山・川・緑・森・空・海……みんな自然ですが、それらは環境面から眺めた自然ですね。ところがその緑の山が春夏秋冬、四季に応じて色も変わり、何百年も経てば朽ちて大地に還っていく。そして地球上では動物・植物が生を営み、人間も生まれて老いて死んでいく。こうした諸行無常・生老病死・生成発展という現象もまた自然でしょう。

それから別の面でいいますと、村上先生も私も男に生まれました。これもまた自然ですね。

親がつくったわけではないのです。親をとおしてはいるけれども、親自身にもどうにもできない。大きな大自然の力のなかで子供を授かっています。

自然にはいろいろな側面があります。環境面から見た自然、生成発展や変化の現象から見た自然、あるいは摂理的な自然など。たとえば相家に生まれたこと、村上家に生まれたこと、この時代、この国、この私自身の姿やかたち、これらをすべて自然と受けとめれば、自然にかなう教育というものがなんとなく見えてくるような気がする。だんだんわからなくなるが、何かが見えてもきます。

村上● 西田天香というすばらしい師につかれたわけですね。人生の幸せの一つはすばらしい人に出会う、師をもつ、そういうことだと私も思っています。

私の場合は、全日本家庭教育研究会（全家研）の初代総裁をされた平澤興先生に出会ったことで、人生上の大きな影響を受けました。でも直接お会いしたのはたった三、四度にすぎません。教師の冥利《みょうり》というものは、「いま自分がこうあるのはあの先生と出会えたおかげだ」と思ってもらえることではないでしょうか。

現在、全家研の五代総裁を務めさせていただいていますが、引き受けた最大の理由は平澤先生が初代総裁だったことです。それで一も二もなく引き受けてしまいました。平澤先生にはとうてい及びませんが、ご縁があった師にできるかぎり近づいていきたいと思っています。そういうことをいまのお話で思い出しました。

行じて余力あらば

村上●一燈園の建学の精神には天香先生の教えが基本にあるわけですが、具体的にはどういうことになるでしょうか。

相●建学の精神として掲げているのは「行餘學文《ぎょうよがくぶん》」です。行じて余力あらば文を学ぶ。これは孔子の『論語』学而篇《がくじへん》に出てくる一節です。「行いをして余力があるならば文を学べ」ということで、「行」が優先されている。孔子のいう「行」とは何かといえば、仁・義・礼・智・信の五つ。正しさや礼儀作法、あるいは信じること。そういった「行」というものがまずできて、そのあとから勉強しなさいという意味だと思います。
天香さんは建学の精神として、この孔子の「行」のなかに、汗を流すということ、周囲に役立つということを含ませておられたようです。
カリキュラムのなかに国語・数学・理科・社会に加えて、作務《さむ》という科目があります。作務というのは、高校生たちが料理の手伝いをしたり、庭の掃除をしたり、お年寄りの世話をしたりすることです。一燈園は生活共同体を構成していますから、食事を専門につくる人がいます。そのお手伝いを作務というカリキュラムで、授業としてやるわけです。

村上● 普通の高校とは違った特徴ですね。

相● 高校生が作務で料理したものが、小・中学生のお昼の給食になります。だから授業が生活に役立っているんですね。お役に立っている。そういうことを孔子の「行餘學文」の「行」に含ませた。仁・義・礼・智・信という五つの「行」の教えのなかに、奉仕、汗という、周囲の役に立つことを入れた。それが建学の精神としての「行餘學文」になっています。
現在も一燈園の風呂は重油や電気を使わず、薪《たきぎ》で焚いています。その薪は、高校生たちが作務としてつくります。この建物の外に積んであったのをご覧になったと思いますが、山があるのでいくらでも薪はある。その薪で風呂を焚いているのです。作務という授業のなかで生活のお役に立つ薪をつくる。つまり生活と教育をできるだけ結びつける。そういうことが天香さんにとって大きな課題だったと思います。勉強をするだけではなく、なにか周囲のお役に立つことを授業としてやるということです。

いま、教育において奉仕活動ということがさかんに提唱されていますが、一燈園のカリキュラムにはすでに入っているのです。授業以外でやるのではなくて、授業の教育課程、カリキュラムのなかに入れている。そのあたりが平成二十二年（二〇一〇年）に文部科学省から「教育課程特例校」に指定された一つのポイントかと思います。指定にあたって理由は明記されませんので、何が評価されたか正確にはわからないのですが、一般の学校での教育とは異なる価値観が認められたのかもしれません。

村上●なるほど。現在の子供は、たいてい「家の手伝いなどしなくていいから勉強しなさい」と親からいわれますからね。一にも二にも「勉強、勉強」と。すると、朝一番の瞑想というものもカリキュラムに入っているのですか？

相●入っています。特例校に指定された話になりますが、主要な教科科目はあまりいじっていません。それより総合学習や道徳といったものを変えました。道徳はゼロにした。ゼロにしたのに文科省はよく特例校として認めてくれたな、と思います。そのかわりに、「天香科」と「国際科」という二つの科目をつくりました。

「天香科」は建学の精神を軸にしながら、道徳もそのなかでやっていまして、朝の正座、瞑想も道徳の実践の一つです。偉人の話や「お年寄りに親切に」などと教えるだけでは、知識のみに終わってしまって、ほんとうの道徳にはなりません。生活のなかにあらわれなければ道徳にならないのです。

また、自分を磨く一方で、人類的、国際的な視野や実力も身につけなければならない。それが「国際科」です。道徳や総合学習はすべてなくして、「天香科」と「国際科」の二つにまとめた。それが教育課程特例校の指定というかたちで文科省に認められたわけです。このようにやりたいと申請したところ、認定指定書が送られてきたのです。

村上● それは日本で唯一ですか。

相● 特例校はいくつかありますが、それらはスーパーイングリッシュといってすべての授業を英語でやるとか、あるいはスーパーサイエンスといって科学に力を入れるという特例校です。一燈園の場合は、総合科目を創立理念と国際理解の二つにして、「天香科」に朝の瞑想、昼の食事の作法、作務、奉仕活動などを入れました。昼の食事はこの下の部屋でするのですが、板の間にじかに正座して食作法として黙っていただきます。

村上●禅寺の作法ですか。

相●ええ。七歳の小学一年生から中学生・高校生・教職員が全員そろって板の間に正座して黙食をします。楽しくおしゃべりしながらの食事というのもよいとは思いますが、それは朝と晩に自宅でやってもらう。学校に籍を置く以上は、一日一回は黙って食事をとる。

それは、食材とおしゃべりをするということなのです。米や野菜やいわしや鶏肉と、どんな話をするかは一人ひとりの自由（笑）。米や野菜はしゃべりませんから、結局は自分自身と対話することになるでしょう。

このような自己との対話といったひとときが現在の教育のなかにあるだろうかといいますと……。

村上●ないでしょうね。少なくとも、きちんとカリキュラムに入れている学校はないのではないかと思います。

相●そういうことをすべて「天香科」という科目に入れました。私学は創立者がある願いをもって学校を創るわけですが、その願いからそれてしまうと、何のためにその学校がスタートしたのか、あるいはどこに学校の存在意義があるのかということが曖昧になってしまいます。国公立に何人進学するかとか偏差値がいくらかといった目標では、学校の特徴にはならないのです。

村上● そうですね。偏差値秀才は必ずしも活躍をしない。科学の世界で大きな仕事をする人が必ず偏差値がよかったかというと、けっしてそうではありません。

研究においても偏差値秀才が優位というわけではない。それは、研究というものはわからないこと、問いを自分でつくっていくのであって、答えがあらかじめ用意されていないからです。偏差値秀才といわれる人は、解答を見つけることは得意ですが、答えが用意されていない問題にはうまく対処できない。一般には偏差値と研究に関係があるように思われているでしょうが、必ずしもそうではなくて、最終的には人間性の勝負だと思っています。

伝わって気づくこと

相●いまいわれたことは心に響きます。教えることができるのは知識と技術だけで、人間性や価値観や生活習慣は言葉では教えられない。

なぜかといえば、知識と技術には答えがある。みんな答えを欲しがるし、答えがあるから教えることもできます。でも、人間性・価値観・生活習慣にはこれという答えはない。それは生活空間から子供たちに伝わっていく。あるいは子供たちが日常生活のなかで気づいていく。そういった、気づくこと、心や身体で伝わることが子供の成長に役に立つ。左脳と右脳の働きが異なるように、人間の成長には教わって育つ分野と、伝わって、あるいは気づいて成長していく分野とが、別々に存在するのではないかと思います。

二、三歳の子供が言葉をしゃべるようになるとき、親は日本語を教えているわけではありません。わかろうがわかるまいが、「○○ちゃん、オムツ替えますよ」と語りかける。「ご飯食べましょう」「雪が降ってますよ」「雲が流れてますね」「チョウチョが飛んでますよ」……わかってもわからなくても親は語りかける。それがいつの間にか伝わっています。それで子供たちは日本語をしゃべり出すのです。

そして、言葉以外のものもすべて子供に伝わっています。部屋に流れる音楽、壁にかかっている絵、天井の節穴、玄関の履物、食前食後の作法……それらすべてから流れ出るものがあって、赤ん坊はベッドのなかでそれらを全身で吸収している。それが人間性の七、八割を形成する。家庭教育の重要性もそこにあるのではないかと思います。

村上● 井深大さんはソニーの名誉会長時代、幼児教育に力を入れておられました。たんに幼時から音楽をはじめるということではなくて、感性を伝えるというものです。『幼稚園では遅すぎる』という本も出しておられます。

そこで私が「幼稚園でも遅いのなら、大学の教師はどうしたらよいでしょうか？」と訊《たず》ねましたところ、「知識や技術なら大学で教えられるが、その人の感性は幼稚園に行くまでにひと勝負ついている」と井深さんはおっしゃった。受胎したときからもう〇《ゼロ》歳児教育がはじまって

人間性・価値観・生活習慣は言葉で教えられない（相）
現代の教育は感じる力、気づく力に目を向けない（村上）

いるのだ、と。お母さんの生活態度や生き方が胎児に影響を与えるということです。

しかし、現代の学校教育は知識や技術は教えるのですが、感じる力や気づく力にほとんど目を向けません。科学の世界もじつは二面性があります。私どもが大学で教えるのは知識と技術ですが、科学を進めるプロセスではそれらよりも感性が大切です。直感や霊感、そういうものですね。とくに大きな発見はどこかで常識を超えていなければならない。理屈ではなく、科学者の「やれそうだ、やりたい、絶対やれる」という熱い思いが必要です。でも、こればかりは教えられない。もちろんその芽を育て、花を咲かせ実を結ぶためには知識も技術も不可欠で、バランスは大切なのですが。

昨今の教育が理性や知性にばかり肩入れしていることは私も感じておりまして、だからこそ「自然にかなう教育」という考えはすばらしいヒントだと思います。

生命の預け主、預かり主

村上●自然は二つあるといいます。山や川といった目に見える自然と、目に見えない自然。そういうものが天の法則としてあります。

科学者というものは信仰者です。何を信仰しているかというと、宇宙のなか、生命のなかにある法則です。法則がないとすれば、宇宙の見事な運営は成り立っていきません。生命が生きていることがでたらめであるはずがない。法則があることを信じているのです。法則があるかないかはわからないが、あることを信じて実験をすれば法則が見つかる。科学の元は哲学であり、哲学の元は神学なんですね。そういうことを私は感じていますので、目に見えない不思議な法則の世界を「サムシング・グレート」という言葉で多くの人にも理解してもらおうと思っています。

サムシング・グレートという言葉は十数年前に気づいたのですが、いろんな人に使ってもらって我ながらいい言葉だと思っています。欧米など一神教の地域で「サムシング・グレートと神様はどう違うのか?」などと質問されることもあります。欧米の場合は「サムシング・グレーテスト」。グレートじゃなくて、グレーテストなんですね。神様か、そうでなければ自分自身がいうことがいちばん正しい。

サムシング・グレートは「神様、仏様」というのに近いかもしれません。どの神様かと訊かれるなら、どの神様であってもよい。一燈園の道場でも神様と仏様が同居されています。日本人はそういう点には柔軟性がある。神道の国だったのに、仏教を取り入れてミックスしてしまう。科学技術文明もうまく取り入れた。猿真似が得意などともいわれますが、そうではなく、受け入れる土台、地盤があったから吸収できたのです。

サムシング・グレートは大自然といってもよいでしょう。生命は大自然からの預かりものです。すると大自然、サムシング・グレートが預け主です。では預かり主は誰か。誰が借りているのか。このことについて、どうお考えになりますか。

相● 一人ひとりの人間性が、命と身体を預かっているのではないでしょうか。見えないし、よくわからないのですが、そう受けとめています。預け主は大自然。大自然から、身体と生命が私という人間性に預けられているのではないかと。だからこそしっかりした人間性をもたなければと思うのです。村上先生のお考えは？

村上● サムシング・グレートには二つありまして、一つは宇宙や大自然。これが身体の預け主。そしてもう一つ、私のなかにもサムシング・グレートがある。これが預かり主。預かり主は心ではないと思っています。

心はしょっちゅう変わりますよね。ころころ変わって、昨日考えたことが今日は違う。「女心と秋の空」などという言葉もある（笑）。「三つ子の心、百まで」ではなくて、「三つ子の魂」といいます。ですから、心との関係はあるにしても、もっと変わらない魂こそが借りているのではないでしょうか。

そこで魂とは何かといいますと、それが私自身のサムシング・グレートだと。科学的に証明できませんが、魂という言葉はどの民族にもあって、けれども心とは少し違う。それが魂というもので、それこそが預かり主ではないかと考えています。

相● よくわかります。私も子供たちや保護者の方がたに「生命と身体は自分のものではない、天から預かったものです」とよくいうことがあるのですが、じつは「それなら預かり主は誰だろうか？」と自問自答してきました。先ほど「預かり主は人間性だ」と申しましたのは仮の表現ですが、いまのお言葉で魂であること、それ自身もサムシング・グレートだということが素直に受けとめられました。

心ではなく魂を

村上● 私が代表を務める「心と遺伝子研究会」の応援団になってくださった方に、心理学者の河合隼雄《かわいはやお》（一九二八―二〇〇七）さんがいらっしゃいました。「心と遺伝子の関係は面白い、精神性と物質世界をつなぐものだからがんばってほしい」とよくおっしゃっていました。そして、「でも、もっと面白いことがあるよ」といわれるのです。なんですかとたずねると、「魂と遺伝子だ」と。魂と遺伝子の関係は面白いが、とてもむずかしい。心ならわかっていなくても心理学という学問がいちおうあるが、「魂学」などというものは存在しない。けれども、すごく面白い。そういわれた。「私もそう思いますが、本気ですか?」と訊くと、本気だと。河合さんは文化庁長官に就任されていたので、「それならすぐ長官をお辞めください。簡単にできることではありませんから」と申し上げました。亡くなられたのはその直後です。

魂だけはちょっと手を出しにくい。科学者として私はそう感じていました。でも河合さんのお話を聞いてからは、魂と遺伝子の関係を考えようと思うようになりました。「心と遺伝子」だけではな

いのだと。心の奥の奥に魂がある。科学ではまったく手つかずの部分がある。でも、日本人が「大和魂」というように、それはあるのです。教育にいちばん大事なものも魂ではないか。先生や親の生き方や人格のなかに魂が入っているかどうか、ではないでしょうか。

それで『人を幸せにする「魂と遺伝子の法則」』という本を書いたのですが、これは死後の世界があるかという問題でもあるのです。それは誰にもわからない。あるか、ないかのどちらかで、中途半端はない。確率は五割というかなり高い確率です。イチローだって三割三分ですから、あると思って生活するのが幸せかもしれません。この世はこれで終わるのか、あるいは永遠に続いていくのか。これは大問題ですから、お釈迦さんも答えてはいません。しかし、そういうものがあるのではないか。おぼろげながらですが、私はそう考えているのです。それが魂という言葉に凝縮されています。

野球には「一球入魂」「一打入魂」という言葉がある。でも、「魂の教育」という言葉はまだなくて、私もどう教えてよいかわからない。心の教育はむろん大切ですが、魂の教育こそ核心ではないか。そういう問題があることを考え続けていこうと思います。

相● 心は語り尽くされた感がありますし、音としても慣れてしまって、ぐっと入ってきませんからね。

村上●「魂が震える」などという言い方をしますでしょう。心というよりもっと重くて、深い。心のいちばん深いところにそういうものがある。教育にとってたしかに必要なものなのに、文部科学省はなかなかそれを認めてくれない。教師や親が子供たちに支持されなければ、という教育しか考えない。

でも、一燈園には教育の魂があると思います。天香先生の教え、魂というものがある。先生が亡くなられても、その思いや教えが生きているわけです。

相●預かり主が魂だということ、魂がこの生命と身体を預かっているのだということは、本日の大きな気づきでした。

私はよく幕末という時代を想起することがあります。たとえば、明治という時代をつくった偉大な人材が育った、長州の吉田松陰の松下村塾を想うのです。

同じ長州に明倫館という藩校もあるのですが、藩校には武士の子弟しか入れず、下級武士や足軽はみんな松下村塾に行った。明倫館の出身者が歴史に残ったという話はあまり聞きません。藩政改革を行った村田清風という優れた家老が明倫館の出身ですが、こういう人が明治の歴史には登場しなくなる。

一方、松下村塾は高杉晋作・久坂玄瑞・伊藤博文・山縣有朋・品川弥二郎と、雲が湧き立つように次々と逸材を輩出した。木戸孝允や井上馨も松陰の影響を受けました。どこが違うのでしょうか。同じ時代、同じ土地、同じ十代の少年たちです。おそらくテキストは四書五経で、これも同じだったでしょう。違いは、彼らが下級武士や足軽という、貧乏でハングリーな状況だったこと。もう一つは師匠の教え方、生きざま、つまり吉田松陰の魂だった。

松陰が安政の大獄で処刑されると、門弟たちが奮い立った。松陰は人材を育てようという意識で松下村塾を開いたのではない。次々と人材を輩出したのは松陰という師の生きざま、魂が門弟たちに伝わったからでしょう。

村上● 思いというもの、深層心理というものが無意識のなかにあって、日頃はまったく意識しないけれど、人間を根本的に支えている。その自分の内なる魂と宇宙の大いなるサムシング・グレートとがつながっている。そのように考えようといま思っています。あまりいいすぎると誤解されるかもしれませんが、でも魂というのは自然に出てくる言葉です。吉田松陰の魂はい

「魂の教育」こそ教育の核心である（村上）

師・松陰の生きざまが門弟たちを奮い立たせた（相）

まなお多くの人の心に生きています。

相●獄中で書かれた松陰の遺書は「留魂録」でした。魂という言葉は日常生活でもわりと使われてきたはずなのに、いつごろからか生活の場から離れてしまいました。

村上●大和魂は『源氏物語』が初出だともいわれています。戦争中に軍国主義と結びついてしまいましたが、もともとは大和の心、「大きな和の魂」というものですから。

日本一光っている学校を

相●一燈園は小さな学校ですが、情報教室というものを設けています。コンピュータを何台かそろえたのですが、小さな学校ですから小・中・高校で共有しています。ある小学生の保護者がこられて、「自分はコンピュータの仕事をしているが、うちの子にはコンピュータをさわらせてほしくない」とおっしゃった。

なぜですかと訊きますと、「マウスをもって子供がディスプレイに絵を描くと、描こうとしている気持ちと描かれる絵とのあいだに心の通いがなくなる」といわれた。筆で実際に描くと、作品に描く心、気持ちがぐっと表れるが、マウスを使うと描く心と描かれている作品が断絶する。だから子供にはできるだけふれさせたくない、とのことでした。
そこで「気持ちの上では同感ですが、現代社会でITの普及は止められない。最低限の技術を身につけて卒業させなければなりません」とお答えしました。とはいえ、科学技術の弊害に流されないような人間性を築き上げていくということは大切です。そこで一燈園では「IT教育」と同時に「IS教育」、インフォメーション・センシビリティ(感性)の教育を行うように努めます、とお約束しました。私が勝手につくった言葉なのですが。

村上●インフォメーション・テクノロジーに対して、インフォメーション・センシビリティだと……。すばらしい言葉ですね。

相●つまり、「情報技術」にあわせて「情報感性」ですね。技術で情報をキャッチするのがITだとすれば、ISは感性で情報をキャッチする。ITの情報源はすべて人工情報で、人間がインプットするものです。でも、ISの情報源は大自然です。たとえば私たちが男であること、この家庭に生まれたこと、この国のこの時代に生まれたこと、こういう容姿で、こういう能力に生まれついたこと、松は緑に、椿は紅に、雨は降って雲は流れて……とすべてはIS、自然情報なのです。
それに気づいていくことが楽しみになる。気づきは発見であり、発見は喜びです。科学の発見、レニンの発見とは少し違いますが、そういう発見や気づきもあるのではないか。それを毎朝の正座や瞑想で、あるいは食事のときに野菜や魚と話をするところから気づいていく。これがＩＳ教育です。どれだけの効果があるかはともかく、そういう空間や環境、機会だけはつくっておく。感性の鋭い子は気づくでしょうし、鈍い子でも、そういうひとときに身を置くことで、やがて気づいていくことを期待できるでしょう。

村上●なるほど。

相●一燈園の子供たちが社会に出て、どれぐらいその気づきの効果を発揮してくれているのかはわかりませんが、一燈園の学校には八十年の歴史があります。高等学校は昭和二十七年（一九五二年）創立なのでちょうど六十年。この間に書いた卒業証書が三百七十号です。わずか四百人足らず、年平均で六、七人ですね。大きな学校なら一年で世に送り出す数の卒業生を、六十年もかかってようやく送り出すことができました。

なかにはアメリカのブラウン大学や東大・京大へ進学した子もいますが、進学校ではないのでカリキュラムでは受験勉強をしていない。その子が能力に恵まれていれば、自分で時間を見つけてやる。先生たちが応援して、難関といわれる学校にも入っています。

そうかと思うと、ふうふういいながら授業についてくる子もいる。人数が少ないのでたしか

にギャップもありますが、それは学力で入ってくるより価値観で入学してくるからです。価値観選抜とでもいえばよいでしょうか。それも自然にかなっていると思うのです。勉強ができる子だけとか、できない子だけとか、障害をもつ子ばかりというのでは、教える効率は上がるかもしれないが、自然にかなっていません。

ですから一燈園から国公立大学に入ったからといって、別にそれほど得意がることもない。よいか悪いか親御さんによってご意見も違うかと思いますが、親御さんにしても価値観に共感してお子さんを預けているわけですし、教育観はうちの学校としての軸足でもあるので動かせない。けれどもチャンスはいくらでも広げていくことが可能です。

先ほど特例校の実践の一つとして異文化を理解するための「国際科」を設置していると申しましたが、イギリスにあるギャップイヤーという制度とも連携しております。

村上●ギャップイヤーとはどんな制度でしょうか。

相●イギリスでは高校を卒業した十八歳の生徒がストレートで大学に行かずに、一年ほど猶予期間（ギャップ）をとるのです。好きな国を選んで、そこでボランティア活動をする。ほとんどの生徒が、アフリカ・東南アジア・南米などの発展途上国を選びます。好きな国を選ぶので、日本を選ぶ生徒もいる。「プロジェクト・トラスト」というイギリスのボランティアグループが日本に毎年六人派遣していまして、二人は北海道の洞爺湖町、別の二人は東京、あとの二人が一燈園にきているのです。

一燈園への派遣はスタートして十年が経ちましたが、九月に来て翌年の八月までの一年間、一燈園の小・中・高校生たちと日常生活を一緒にする。寝起きや食事、朝の瞑想もして、英会話を教えて一緒に遊びます。そういう国際化を生活のなかに取り入れているのです。また、ニュージーランドのオークランド・グラマースクールとも姉妹校の提携をして、生徒たちの派遣と受け入れをしています。

もう一つ、これも民間の団体ですが、イスラエルとパレスチナの国境にＮＰＯ法人「ハンドインハンドスクール」という学校があります。ユダヤとパレスチナの子供の数を同じにし、先生も同数にして、教育によって中東和平の空気をつくりあげていきたいという願いからできた学校で、そことも交流しています。

世界へ目を向けていく「国際科」と、日常生活で自分の足下を見つめていく「天香科」の二つを特例校の柱にした。それを文科省も認めてくださったのでしょう。

村上●とてもユニークですね。日本一小さな私立学校ということで、特徴もあるし非常にきめ細かな教育ができると思いますが、経営は大変ではありませんか。

相●じつは、なぜ八十年も続いているのか私にもわからない（笑）。

村上●必要性があるからでしょう。

相●学校は「学納金」と国の「補助金」、それから「寄付金」で運営されています。現在の規模では学納金だけに頼るわけにはいきません。卒業生やご縁のある方からの寄付、行政からの補助を仰ぎ、それで続いてきたということでしょう。

とはいえ、補助金も寄付金も他力本願ですよね。天香さんは「一燈園の学校は宣伝するな、光っておれ」という遺言を残している。これもヒントです。学校が光るという意味が、よくわからない。廊下が光っているくらいで光っている学校とはいえないし、国公立に二桁三桁進学した実績が光っているわけでもない。毎晩、布団に入るたびに光っている学校とはどういうことかと自分に問いかけることが、かろうじて少しでも光を失わないでいるせめてもの取り組みではないかと考えた。じつはこれも答えがないんですね。それだけ教育は深いものだと思います。

村上●世の中で活躍している人を「あの人は何か違うな」と思っていたら、一燈園の出身者だったというようなことは。

相●それは、卒業生が折にふれて感じているようですね。

こんどの大震災で、瓦礫のなかを慰霊の旅をしている若い僧侶がいまして、九年前にうちの高校を卒業した人物だった。お母さんに電話しましたら「一燈園の学校で三年間修行したことが、ああいう姿になったのでしょう」というお言葉でした。

もう一つの例ですが、三重県出身で、数年前に推薦入学で三重大学へ進んだ子がいます。Sさんという女子学生ですが、よくできる子で、卒業論文が「燈影学園における根本の教育の現代的意義について」だった。つまり、母校での体験をつうじて教育を論じたわけです。卒業生がみずから実感しているものがあるのでしょう。

そのSさんが、指導教官と同級生十人を連れて一燈園に研修にきた。教官がおっしゃるには、「彼女はいつも誰とも楽しくおしゃべりする人だが、食事のときはいつも一人で黙って食べている。みんながSさんは変わっているといっている」と(笑)。おそらく彼女は、黙って食事をする習慣を一燈園の三年間で身に付けた根本の教育の一つと受けとめている。だから大学に行っても続けているのかもしれません。変わった子だと思って出身校を訊くと一燈園だというので、見学にきたということでした。

卒業生はあちこちで変わった雰囲気や考え方をもっていると見られているようですが、それが正しいかどうかは誰にも簡単に判断できないでしょう。卒業生自身が充実感・満足感・達成感をもっているかどうかが大切だと思っています。

村上●相先生のご本に、「生命や身体は大自然からの預かりものである」という言葉があります。科学の視点から見ても、人の身体のもとは元素から成っている。水素・炭素・窒素などの元素はすべて地球のもので、地球上の無機物を植物が摂取し、動物が食べて、それが身体のなかに吸収される。すごい勢いで身体の元素は入れ替わっているのです。私がもっている元素はすべて地球の元素で、地球の元素は宇宙からきている。まさに身体は大自然からの預かり

学校が光るという意味をみずからに問い続けたい（相）

身体は大自然からの預かりもの、返さねばならない（村上）

ものですから、そうであるからには返さなければならない。自分のものなら一生所持していられますが、レンタルなのです。しかもレンタル料は一銭も払っていない。こんな高いものを何十年も無料で借りているのですね。

そういうことは一般にはあまり考えられていないし、教えてもいません。身体は自分のものだと思っている。相先生のご本には、そういうことが書かれています。

相●生命と身体が自分のものではないということを、実感するんですね。貝原益軒《かいばらえきけん》という江戸時代の儒学者が、「人の身は　父母を本とし天地を初めとす／天地父母の恵みをうけて生まれ　養われたる身なれば／我が身　我れのものにあらず」と『養生訓《ようじょうくん》』の最初に述べています。人の身は「父母を本」としているが、父母もなんともできない大いなる自然の愛のなかで授かるもの。「天地を初めとす」です。天地とは大自然ということでしょう。だからこそ、「天地父母の恵みをうけて生まれ　養われたる身なれば／我が身　我れのものにあらず」なのだと。

村上●現代は「天地」の部分が抜けていますからね。

相●そうなんです。両親は自分の子だという理屈ですし、まして本人はオレの身体、私の命だと考える。預かりもの、授かりものという意識がないから、穴をあけたり色を塗ったり切り刻んだりもする。預かりものならできないことです。それなのに、自分のものであるかのように考えることが常識になっている。自分のものではないのだということを、いつ、どこで子供たちに気づかせるのか。

先ほどの三重大学のSさんは、「私は一生髪を染めません」といっていました。「黒髪に生まれたからです」というのが理由で、それが自然だと。理にかなっていますよね。じつは一燈園には校則がありませんので、校則違反も存在しないのですが。何色に染めようと処罰のしようがないのです（笑）。

校則やルールにできないこと

相● とはいえ、ほんとうはやってはいけないようなことも、年頃ですから起こらないわけではありません。夜中に寮を抜け出したり、友だちの現金がなくなったりするようなこともたまにありました。そのときは校則がないので、ルールでは対応できない。そのつど教職員で考えなければならない。これはどうしたものかと。だからこそ面白いともいえる。事件が起こったときこそ、教職員が子供たちから信頼を勝ちとるチャンスでもあるのです。

いちど中学生の仲良しグループ四人から現金がなくなって、一人だけ難を逃れていた子がありました。その子は、自分が盗ったと思われているような気がして学校にこられなくなった。翌日、お母さんから電話がありました。「自分の娘は絶対そんなことをする子ではない。一燈園の教育に対する考え方に共感して娘を預けているのだから、ぜひ一燈園らしい解決をお願いしたい」と。

そういわれて、どうしたものかと考えました。みんなに訊いても「盗みました」なんていいません。それでやむをえず「一燈園らしい」というか、私なりの方法を試みたのです。

毎朝瞑想を行う禮堂《れいどう》という場所に中学生を全員集めました。私が丸窓に向かい、天香さんに報告します。「あなたが創られた学校でこんな事件が起こりました。誰が盗ったのかわからなかったが、今日ようやくわかったのでご報告します」。そう天香さんに語りかけた。それを両側で中学生が聴いている。

「犯人の名前がわかったのでご報告します。相大二郎です」

そして、「校長でありながら学校を穢《けが》してしまった。だから、いまから一人ずつ中学生に警策《けいさく》で肩を打ってもらいます」といった。私が畳に座り、中学生が警策という棒でパンパンと私の肩を打つ。打つ前と後は互いに合掌する。仲良しの女子四人グループにも順番がまわってくる。みんな泣いていましたが、そのうちの一人は泣きじゃくって打てない。そっと肩に警策をふれるだけで手を合わせた。それを中学生全員がじっと見ている。

その子が犯人という意味ではありません。証拠もないし、感受性が人一倍強かったということかもしれない。他の三人も泣いていましたからね。犯人などわからなくてもいいのです。その子がそうだとしても、そういう罪を金輪際おかしてはならないと気づけば、それが一つの体験ですから。それで、沈黙のうちに終わって解散しました。電話をくださったお母さんにも報告をした。一燈園らしい解決になったかどうかはともかくとして、そんなことがありました。校則があったらできないことではないでしょうか。

村上●同志社の創始者の新島襄に似た話がありましたね。

相●すべては自分の責任だと、全生徒の前で自分の腕を杖で打つという……。話は変わりますが、村上先生がご縁を結ばれた平澤興先生・福井謙一先生・河合隼雄先生は私にとってもたいへん懐かしい方がたです。

村上●そうでしたか。不思議なご縁ですね。

相●平澤先生は私が若いころに主催した「わびあい講座」にお招きしました。「わびあい」とは天香さんの言葉で、「おわびし合う」という「わびあい」でもあり、「和」と「美」と「愛」をくっつけた言葉でもあります。この市民講座を十年ほど続けたとき、お三方とも講師として

お呼びしたことがあります。
平澤先生は、ご自宅まで車でお送りして、車中でいろいろお話をさせてもらいました。お宅に着いたあと、車が一直線の道から見えなくなるまで杖をついて見送ってくださるのです。私はまだ青年でしたが、夕暮れのなかでのお姿はいまも強く印象に残っています。先生が全日本家庭教育研究会初代総裁のときに、山科疏水の桜並木にこられ、一緒にお花見をさせてもらったこともありました。
福井先生は、やはりお送りしたとき車内でクラシックをかけておりました。「相さん、音楽が好きならうちで聴いていきなさい」とおっしゃって書斎に案内され、ベートーヴェンの「田園交響曲」を聴かせていただきました。ほんとうに音楽がお好きだった。
河合先生は、来園されたとき「一燈園の教育は、個性教育というより天性教育だ」とおっしゃいました。個性教育はいい古されていますが、個性と天性は少しニュアンスが違うということでした。一燈園の「天性教育」は、じつに河合先生が名づけてくださった言葉なのです。

本日はそんな方がたとのご縁が深い村上先生にさまざまなことを教えていただき、たいへん楽しい時間でした。■

対話5

教育の価値とはなにか

村上和雄×

杉山吉茂

Sugiyama Yoshishige

●第五対話者　杉山吉茂（すぎやま よししげ）

数学教育学者

昭和十年（一九三五年）満州（現・中国東北部）生まれ。愛知学芸大学卒業。名古屋市の小・中学校教諭として教鞭をとる。その後、東京教育大学大学院博士課程修了。教育学博士。東京学芸大学教授・早稲田大学教授などを歴任し、現在、東京学芸大学名誉教授・日本数学教育学会名誉会長。文部科学省の教育課程改訂に助言するかたわら、算数・数学のあるべき実践法の教育現場への普及に努めている。著書『初等科数学科教育学序説』『中等科数学科教育学序説』『公理的方法に基づく算数・数学の学習指導』『豊かな算数教育をもとめて』『確かな算数・数学教育をもとめて』など。

試験のために教える風潮

村上● 本日はよろしくお願いいたします。同い歳、同じ学年なので同じような人生経験があるだろうということ、それから杉山先生も私も大学に長くおりまして、そういう点での共通点もあるようですので、楽しみにしてきました。

杉山吉茂（以下、杉山）● こちらこそよろしくお願いいたします。

村上● ただ、大きな違いもあります。杉山先生は教育のプロ中のプロですが、私はけっしてそのような者ではないと自覚しております。なぜかというと、教員免許をもっていないのです。免許をもたずに教育職に就いていましたので、半分詐欺のようなものではないかと（笑）。我流の無免許運転を長いあいだやってきました。研究ではプロでありたいと願ってきましたが、教えることについては素人なので、いろいろご教示いただきたいと思います。

最初に唐突ですが、教育の目的、価値とはなんでしょう。何が教育の価値かということについて、先生はどのように考えていらっしゃるでしょうか。

杉山● 簡単にいえば、教育の価値は人間形成をすることです。そして、生きていく力を子供に身につけさせることが教育の役目です。そのためにそれぞれの個人の能力を開発すること、それが教育の大きな目的と考えています。

村上●私はアメリカに十年ほどいたのですが、日本とアメリカの教育の目的はちょっと違うと感じていました。いま先生がおっしゃったように、教育の目的はその人がもっている才能を開花させることです。だから個性を伸ばすということが大切になるわけで、アメリカではどちらかというとそこに重点があります。日本はそれよりも、社会や国家に役立つ人間をつくる、世界に貢献する人間をつくるといった、要するに「公《おおやけ》」のために働く人をつくるほうに重点が置かれているようです。とくに戦前まで、日本の教育は国家のために尽くす人を育てるのが目的でした。戦後になると、企業で働く、それから日本の経済復興に役立つ人をつくるのが目的だった気がします。

でも、それだけでは駄目だ、やはり個性を大切にしようということにもなってきています。これが必ずしもうまくいっているのかどうかはわかりませんが、日本の教育には二つの目的があるように思います。

杉山●もっともなお話です。国のために役立つ人間、「公」の役に立つ人間をほんとうは育てるべきでしょう。しかし、現在の教育を見ていますと、そういうものはあまりないようです。

私がいちばん感じているのはそこです。「先生方は教育をなんのためにやっていますか？」と訊《たず》ねると、「教えることになっているから教える」という答えが返ってくる。社会に役立つ人間を育てるのが教師だということを、現場の先生たちが自覚していません。

いちばん困るのは、教えることになっているからだ、というような考え方です。文部科学省が決めたことであり、教科書にも書いてある。だからそれを解説して説明すればいい、練習させればいい、という風潮ですね。「何のために教育しているのですか」と訊いたら、「試験のためです」という答えもあります。

大学入試、就職試験も含め、いろんな試験があります。それらのために何かをすればいいという教育が多いのが、いちばん気になっているところです。私自身は、子供がいま勉強していることが自分にとって意味のあることだと自覚するような教育をもっとやりたい。でも、私の考えていることを聞いてくれた人の九〇パーセントがわかってくれません。

ふだん行なわれている授業を見ると、教科書に書いてあることを解説したり、練習したりしています。子供の立場に立つと、自分がいまやっていることがなんの役に立つのかがほとんど見えません。学校へ行くことになっているから、教科書を勉強することになっているから、だからやりましょうという空気があるばかりです。

村上●やはりそうですか。

杉山●今日も勉強会があったので行ってきました。一次方程式の勉強ですが、一次方程式が解けるようになるためには「等式の性質」を知らねばならない。だから「等式の性質」を勉強する、さらに一次方程式の解き方を勉強する……そうやっていって、最後に一次方程式の応用問題をやります。私からすると「一次方程式を勉強します」といわれた子供はなんのために「等式の性質」の説明がされているのかわかっているのかな、と思うのです。

村上●わかっていないのでしょうか。

杉山●わかっていない。そこで私はさまざまな機会をとらえて発言しています。意味がわからないことはやめましょうと——。

村上●そうなると、ほとんどのことをやめなければ

ばならない……。

杉山●日本の教育は準備のための教育が多い。好意的に見れば、大人になったときに困らないように、ということがあるのでしょうけれど。

たとえば、一次方程式を勉強することになっているとします。「等式の性質」はそのための準備です。何のために「等式の性質」をやるのか。子供には一次方程式の勉強の準備のためということがわからない。一般の九〇パーセントの授業がそうです。「これから一次方程式の勉強をします」「等式の性質を説明します」、そして「等式の性質がわかったら方程式の解き方を説明します」「はい練習しましょう」といわれる。でも、何のためにそれをやるのか、役に立つものかどうかがわからないのです。

そのあとにようやく「一次方程式を使った応用問

題をやります」といわれて応用問題をすることになるのですが、そういう教育はもうしたくない。それが私の基本的な考えです。

教師みずから感動を知る

村上●ある大学の学長が、エデュケーションを「教育」としたのは誤訳だと指摘されています。ティーチングこそが現実の教育で、つまり教えることです。エデュケーションはそれぞれの個人がもっている能力を引き出すことでしょう。現在の日本の教育は引き出すのではなくてティーチング。それこそ一次方程式を教えて、とにかくそれを覚えなさいという。それでは子供たちは興味をもてないでしょうね。

その人から、「いま生徒にとって最大の問題は何だと思いますか？」と訊かれました。答えを訊ねると「学習意欲がないこと」だと。何のために勉強するかはっきりしていないから学習意欲がない。これが日本の教育の大きな問題で、受験のためというのでは子供はほんとうに興味をもって勉強しません。

杉山●日本の子供たちは先生に従順ですから、「やることが決められています」といわれたら「そうですか」とやるだけです。おっしゃるように、いいものを教えてもらっている気がしないのですから、興味も関心もなくなってしまう。私も教科書づくりに参加して、そんな教育はもうやめようと提案しました。「よくわかりました」といわれるにもかかわらず、ほとんどなにも変わらなかった。一般の学校教育ではそんな教科書にそってやるので、従来と同じ教育が延々と続くのです。

村上●それは私も感じます。大学で教養課程の一、二年生に講義をしているのですが、やっている研究での感動を伝えると学生に響くようです。ふつうの授業とは違うと感じるらしい。それで、君たちの先輩がこれだけのことをやっていて、そのことをいま世界で初めてみなさんに話すのだというと、目の色が変わってくる。感動を伝えるような教育が必要ではないかとつくづく思います。もちろん一定の知識は必要ですが、知識だけでなく、知恵や感動をどう伝え

何のためにやるのかがわからない教育はしたくない（杉山）
知恵や感動をどう伝えるかが問題だ（村上）

るかが問題で、そのためには教師自身が感動を知らなければ駄目です。教師や親みずから「これは面白い」と思っていなければ、伝えられるわけがないですから。

杉山●そこです。先ほど「教育では素人だ」と村上先生はおっしゃったけれど、そうではないですよ。先生は研究者で、よい研究をされている。自分の研究の面白さや感動をよくご存知です。そういう方が教えてこそ感動や知恵が伝わるのです。下手に免許状をもっている人が教える教育現場よりも、研究者の知恵・苦労・感動が教えることのなかに含まれています。

私は数学の教育学専門でして、数学の専門家ではありません。数学なら数学の専門家がいますが、数学の面白さや楽しさや感動は、そうした専門家の先生が教えられるはずです。表面的にこれを覚えなさい、覚え方はこうです、とやっただけでは面白い教育はできません。先生のように、いちばん大切な感動や面白さを伝えられる教師が増えてほしいものです。

村上●ありがとうございます。私の研究も、一種の知的なエンタテインメントなのです。現代の教育には知的なエンタテインメント性が抜けおちている。面白いと思えば人間はやるものですからね。

杉山●それを教えてほしいのです。大学の先生は免許がないといいますが、研究の感動や知恵といったものはもっておられる。それで教育ができるので、免許状よりずっとレベルの高いものをおもちです。一般教育でも、まず先生が数学を面白がらなければ数学のよさがわかるはずがありません。

村上●そうですね。

杉山●面白さ、感動、好奇心。数学に関してそういうものをもった人でなければ、ほんとうの数学は教えられない。それぞれの教科には知恵があるし、感動もある。面白さもあるはずです。「二次方程式を勉強しまーす」とやっても、子供はそれをわかるかもしれないが、感動はしないでしょう。なにをしたいのかわからないまま、先生がそういうからやる。「わかった、わかった。だから一体なんなのだ」となってしまう。「何かをしたい」がないのです。

たとえば二次関数ですが、教科書には二次関数とはかくかくである、二次方程式を解くには因数分解の方法などがある……そんな解説がだらだらと続きます。感動も何もない。

ところが日本と違ってアメリカや他の国だと、何がしたいのかがまずある。たとえば二次関数はこんな教え方です。

自動車で速く走ったら、止まるまでの距離が長い。遅ければ短い距離で止まる。速ければ速いだけ止まるのに距離が必要になる。そういうことを題材にして「制動距離は速さをxとしたらy＝二次関数の式としてこのように表せます」とやる。そうやっておいて、では五〇キロで

走るときは、制動距離は何メートルか計算してみましょう。一〇〇キロではどうですか、と計算する。「ああ、そんなに走るんだ」とわかるじゃないですか。いろいろな場合をやって、「じゃあ制動距離を三〇メートル以下にしたかったら、速さはどのくらいにすればいい？」となる。そこで初めて二次方程式が出てくるのです。その答えを求めたいなら、二次関数を勉強したらわかる。たとえば車間距離が三〇メートルしか空いていないとしたら、何キロくらいで運転したらいいか？　そこで方程式が出てくるから、「解きたいな」と思う。まず「解きたいな」という思いが起こって、それからのことなのです。

それなのに、日本では解くことばかりを教える。数学で何をしたいかを抜きに解説ばかり延々とやって、最後に応用が出てくる。それでは子供はもう応用だなんて思っていないですね。これは二次方程式がわかるかどうかのテストだ、チェックをしているんだと思って、応用してい

ると は思わない。応用問題が解けたら二次方程式の学習が成立して、一〇〇点がもらえる。そういうふうに考えて、数学は役に立たないと思っている日本人がたくさんいます。応用問題をやっても、役に立たないのだと。

村上●おっしゃるとおりですね。

応用問題を先にする

杉山●解説して、練習して、それから応用問題……。でも、そうではないのです。応用問題を最初にもってきなさい。私はそう主張している。これが解きたいことなのだよ、と最初に教えるのです。

アメリカの教え方は上手ですよ。この方程式を解きたいな、でも僕たちは二次方程式を解けない。ならばどうするか。まず、コンピュータをもってきて二次方程式のなかに入れて解く。三〇メートルの制動距離だったら、この二次方程式を解けばいいけれど、あなたたちは解けないからコンピュータを頼って解きなさい、すると答えはこうですとやる。だけど、コンピュータがなかったら困るでしょう。コンピュータに頼ってはいけない、自分の頭で解きたいと思わせるのです。

村上●なるほど。

杉山●解こうと思ったときにコンピュータを使わないなら、適当に数値を代入してみればいい。二〇キロかな、入れてみて違ったら六〇キロかな……といろいろ代入をしてみる。けれども、そんなことをやりながら解くと、だんだん近づきはするがたいへんじゃないですか。そういう経験をしたあと二次方程式で解いてやると、二次方程式の価値がよくわかる。あんなに苦労したのが簡単に解けると感動するのです。

村上●そういう教科書は日本にはないのですか?

杉山●ありません(笑)。いや、じつはないわけではないのですが。ゆとり教育が採用されたとき、「日本の将来を考えたら、ゆとり教育で学習内容の三割削減などとんでもない」と私はいいました。望ましい数学のカリキュラムとは、たとえば「高校一年で微積分をやる」「高校二、三年までにやっているものを、すべて一年でやる」というものです。それで、日本教材文化研究財団にご援助をいただいて、一つの試みとして応用を先にした教科書をつくらせてもらったことがあります。

村上●その教科書はどうなったのですか。

杉山●「問題から解けばいい。下手でいいから解いたらいい、それからだんだんと公式のつくり方、解き方をやっていくのがよい」というのが私の考えです。それを提案して、すべて実現したわけではありませんが、ある程度それに盛り込むことができました。

でも、それだけでした。それを配ったのですが、反響はいま一つ。私の考えを普通の教科書でやろうとしたら、先生方は何をしたらいいかわからない。やはり駄目なんですね。教科書には採択があります。売れないと困るので、採択されそうにないと予想されたら、よいとわかっていてもつくってくれない。応用を先にしようということ自体が先生たちにわからないと、どうしようもありません。

村上●教育学部の先生も駄目だったのですか。

杉山●いまのところはね。だからたいへんなのです。いい教科書をつくったのですよ、ほんとうに。だけど現場の先生にはそのよさがわからない。

たとえば、つるかめ算は連立方程式で解ける問題です。そこで連立方程式の解き方をやって、それからつるかめ算をするのです。つるかめ算の問題自体は、表を使えば小学生でも解けます。だから初めからつるかめ算の問題を出して、それをだんだん先生が連立方程式を解くことに高めればいいのに、その努力をしない。初めから連立方程式とはこういうものですよ、解き方はこうですよ、はい練習しなさい、はい、つるかめ算の問題ですよ……とやる。「自分で解いたな、でも苦労したな、だけどこうやったら簡単だったな」と思ったら、数学のよさもわかる。そういう教育をしたいのに、理解してもらえない。ごちゃごちゃと説明したあとで練習問題をやっても、価値がわからない。よさがわからない。苦労していないからです。そういう教育を変えたいというのが私の思いなのですが、いかがでしょうか。

村上●共感いたします。やはり人間は、興味とかやり甲斐がないまま、ただ教えられたものを覚えて試験されるだけでは、終わったらすぐ忘れてしまう。数学にはハート、情緒が必要だと数学者の岡潔《おかきよし》（一九〇一―七八）がいっています。

杉山●研究はみんなそうではないでしょうか。本物の研究をやっている先生は情緒をもって分析・解析をされている。義務でやっているのではないのです。

村上●そうですね。「数学は情緒である」といっても、一般の人にはなんのことかわからないでしょう。

杉山●そのレベルに達するには、やはり岡先生ぐらいに数学がよくできて、よくわかっている方でないと。でも、情緒をわかるようになってほしいものです。

受験教育は百年の計にあらず

村上●話を変えます。よく「教育は百年の計」といわれますが、現代のように変化のスピードが速いと、百年先の日本がどうなるのかよくわかりません。そのことについて、どう思われていますか。

杉山●少なくとも、「子供が生きているいまの世の中に役立つ人間をつくる」ということを教育は考えなければなりません。たとえば、試験というのは「百年の計」ではない。どんな試験でも終われればそれまでですから。

いま日本でいけないと思うのは、試験のためということで統計を教えないことです。学習内容が三割削減になってからはとくに駄目で、小・中・高校でそれほど教えません。試験に出題されなければやらないという教育に現場はなっているのです。でも企業の方は、統計は役に立つから学校教育でやってくださいとおっしゃる。

それからもう一つ。アメリカではコンピュータを学校教育でどんどん使いますが、日本の場合はコンピュータをやると計算力が落ちるといって使わせない。「百年の計」どころか二十年の計、三十年の計もない。

村上●コンピュータでやれることは、コンピュータにやらせたらいいのではないかと思いますが。

杉山●私もそう思います。ただ、逆にコンピュータを過大評価する傾向もあります。コンピュータがあれば、数学は要らないという人も出てきます。そうではありません。コンピュータを使うのは人間ですから。コンピュータに問題を与えればなんでも解いてくれるわけではありません。処理させるのは人間なのです。

この前も、円周率を子供に求めさせたいと思いまして、円を描いて中心から半径を二つ引いて正三角形をつくり、正三角形を二つに割る半径を引いて三角形を二つつくらせました。すると、その最初の三角形の辺の長さと次の三角形の辺の長さの関係が「三平方の定理」を使えばわかるのです。だから公式が漸化式《ぜんかしき》でできる。これの次はこれですよと。

村上●漸化式というのはどんなものですか？

杉山●漸化式とは、これがわかれば次はそれを使って求める……というように、同じことを繰り返して次々と解が求められる式です。円周率を求める漸化式は平方根のなかに平方根があるようなたいへん複雑な漸化式になります。平方根の二重根号の計算になると、とてもではないが人間にはできません。コンピュータだと、漸化式は繰り返しで次々にやっていけます。円周率もすぐに出ます。何桁も出そうとするとコンピュータの精度の問題はありますが、3.141592……のある程度の先まで出せます。昔、苦労して十何桁も計算したことが一時間で出てきます。

同じことを繰り返していく計算はコンピュータにやらせる。でも、それを計画し、漸化式をつくるところまでは人間がやる。そういうふうにコンピュータを使えばいいのですが、コンピュータを使うと計算力が落ちるという思い込みがあって使わない。「百年の計」といいますが、子供が大きくなったときに必要な力、大切な力を身に付けさせるのでなければ。先ほどの統計もそうですが、数学を使って身の回りの問題を解決する力をまず大事にする。そして、人間には不得意でもコンピュータができるところはコンピュータにさせる。コンピュータの助けを借りながら、数学を使って身の回りの問題を解決できる人間を育てたい。

この願いは、私だけのものではありません。アメリカは一生懸命そういう人間をつくる努力

数学を使って身の回りのことを解決できる人間を（杉山）

答えが用意されていない問題に対処することを教える（村上）

をしています。一方、日本の場合は入学試験のため、就職試験のために勉強させています。試験のための使いもしない数学、試験が終われば忘れてよい、価値がわからない数学をやっている日本人が、数学とコンピュータが使えて社会生活のなかでの問題解決法を身につける教育を受けたアメリカ人に、はたして対抗できるかどうか気がかりです。

村上●たしかに日本では、受験のための教育というものが非常に大きなウエイトを占めます。これが諸悪の根源でしょうか。

杉山●そのようにいうと、現場の先生方は「それなら、大学入試にコンピュータを使う問題を出題すればよい」などとおっしゃる。大学入試に出しさえすればいいといった簡単なことではないのですよ。

村上●大学人として反省もあります。偏差値は能力のごく一部で、人間の全体的な能力とはあまり関係がない。その能力だけで評価するのは問題です。では、どう入試を変えていくのかというと、これまた大問題ですよね。研究とは答えが用意されていない問題をみずからつくっていくことです。一方、入試のための偏差値教育は、用意されている答えをいち早く見つけるためのもの。答えが用意されていない問題にどう対処するかを、まったく教えていません。

杉山●どの大学を受ければ合格するかを心配する親や先生にとっては、偏差値で判断できるのは便利です。「不合格になるといけないから受かりそうな大学を受けなさい」と指導するために偏差値はあります。あながち悪いわけではないのですが、本来の教育とは関係がない。ほんとうの学力や研究力を反映しているかといえば、そうではありません。

村上●ある社長さんが、「僕はどの大学の出身者かということは無視します」といっていました。「参考程度にはしても、出身大学と会社に入ってからの伸びは比例しない。むしろ、たまたまいい大学を出て威張っている奴は使いにくくてしようがない」といわれていた。でも評価されるのは、いまでも偏差値の高い大学です。

日本人としての誇りを伝える

村上●現代の教育の問題として、日本人の誇りやよいところをあまり教えていないこともあるのではないでしょうか。戦争に負けたために、君たちの父親や祖父は悪いことをしてきたと教えてしまう。それは教育にとってよくないと思います。

杉山●じつは私、生まれは満州なのです。父も母も満州生まれ、家内も満州生まれです。

村上●では生粋の満州人ですか。

杉山●いわば満州っ子です。先生と同い年ですので、小学校（国民学校）四年で終戦ですね。ただ、いま行ってみても住みたいとは思いません。そのくらい当時と差があります。けれども、昔と同じくらい清潔であればやはり行きたいと思います。ずいぶん変わってしまいましたし、人口も何倍にもなって、かつて日本人がいた場所はなくなってしまいました。

村上●ご苦労をされたのですね。

杉山●少しは苦労もしました。いまどこに違和感をもつかというと、先生がおっしゃったように日本人が悪いことをした、満州や中国で悪いことをしてきたといわれることです。日本がよいことをしたことは絶対にいわない。満州の話はしないでくれとさえいわれる。それほど日本人には誇りがないのでしょう。

いまでも日本人は満州を侵略しに行ったといわれます。侵略という言い方はおかしいのではないでしょうか。よその国に行けば侵略なのでしょうか。百年以上前の日露戦争のころ、満州

はまだ荒野でした。人が住んでいないところがたくさんありました。人を殺して略奪したのではなく、荒野を開拓しに行ったみたいなものです。私がいた町では、私が生まれたころに小学校が三十周年を迎えています。昔を知る人の話を聞けば、中国人が住んでいる近くに沼があって、その沼を日本人が埋め立てたのが町のはじまりだったそうです。

村上●そうだったのですか。

杉山●日本人がつくったレンガはいまも残っています。高熱でつくる、とてもいいレンガです。産業も、街もつくり……日本人が日本人の街をつくって、日本人のところへ隣の中国人が働きに来た。中国人たちも日本人のおかげでよい生活をしていたと思います。

戦後五十年経ったころこの町へ行ったのですが、親切でした。憎まれることはまったくありません。たとえば通りの名前も現在は一番・二番・三番と番号がついていますが、私たちがいたときの「市場通り」や「山下通り」などの名を、

中国の人たちはいまでも憶《おぼ》えています。案内してもらうと、「ここは山下通り、ここは市場通り、あなたの生まれたのはこのへんです」と話してくれました。

昔の面影がないぐらい街は発達していますが、私の学校はそのまま残っていました。日本人が建てたいい建物だったので、迎賓館のようなものに使われていました。運動場だったところにふつうの人が泊まるホテルも建てられていて、そこに泊まって「あの学校に四年生まで通ったんだな」と懐かしく思いました。

中国の人たちも、ほんとうは日本人を帰したくなかった。私たちが引き揚げるときは密航船に乗りました。どうせお金をもって帰れないというので、一人頭いくらとたくさんお金を払って乗りました。密航船といっても、正規の引き揚げ船でないというだけです。父は船が出るぎりぎりまで満州人に囲まれて、「なぜ帰るのだ。帰るな」といわれたそうです。

村上●そういうことは伝わっていないですね。

杉山●伝わっていないし、伝えようという努力もされていません。中国も韓国も、政府は日本人を悪者にしないと国民を抑えられないのです。日本も戦時はアメリカ人のことを「鬼畜」と呼んで、それによって団結させました。敵をつくっておかなければというので、国家というものは同じようなことをする。もちろん悪いことをした人もいたでしょうが、大半の日本人はよいことをしてきたはずです。

村上●私も最近、そういうことを強く感じるようになりました。ダライ・ラマ法王と何度か対談したのですが、法王は「二十一世紀は日本の世紀」とおっしゃっていた。でも、新聞には悪いことばかり書いてある。ほんとうかなと思って自分なりに調べました。たとえばブラジルに行くと、ブラジルの日系人の評判はたいへんよい。「ビバ・ジャパン」といわれ、学ぶ対象になっている。でも、日系一世の人は非常に苦労したそうです。コーヒーの成る木は金の成る木だというので行ってみたら、奴隷のようにこき使われた。

杉山●あそこも荒野ですからね。土地を開拓することから始めなければならない。満州も同じです。畑があった場所に行ったわけではありません。

村上●ブラジルも荒野でした。ちょっとましになると戦争が起こった。ブラジルにとって日本は敵国人で、指導者は全部牢に入れられた。負けたから帰れない。そこでなにに力を入れたかというと、教育です。だから一パーセントもいないブラジルの日系人ですが、大学進学で占める割合は一〇パーセントを超えている。親は子や孫に期待しているので進学率が高い。その人たちがいま、ブラジルの繁栄を支えています。私はブラジルへ行って日系人のすばらしさを知りました。それからトルコにも行きました。たいへん親日的な国です。大国ロシアの南下政策に苦しめられていたのですが、日露戦争で小国日本がロシアを破ったというので、感動して子や孫に東郷平八郎元帥の名をつけた人たちもいます。

杉山●東郷通りや乃木通りがありますね。

村上●トルコの人たちがいかに感激したかということです。そういうことが日本ではあまり知られていません。

最近、こんなことがありました。一九八〇年代のイラン・イラク戦争のとき、フセイン大統領がイラク上空をとおる飛行機をすべて撃墜すると布告した。民間機も例外ではない。猶予は四十八時間。日本以外の国はテヘラン空港から自国の軍用機で送り出したのに、日本は自衛隊機を簡単には出せない。政府は日本航空に頼んだのですが、日航は従業員の安全が保てないと断った。それを土壇場で救ったのが、トルコ航空です。二機のチャーター機を出して、日本人を東京に二一五人送った。日本の外務省が驚いて、「なぜ助けてくれたのだ」と。べつに見返りを求めたわけではない。明治二十三年（一八九〇年）、トルコの軍艦が日本で沈没して、紀伊半島の名もない漁民たちが艦員たちを献身的に救助した。その話がトルコの教科書に載っていて、国民はそれを憶えているのです。その恩義を返したのですね。こういった人道的な例もあるのに、ほとんどの日本人は知りません。

杉山● 私もトルコに行ってそれを聞きました。

村上● 名もない日本人が外国の教科書に載るような例がいろいろある。だから教育の役割の一つは、日本人としての誇りをもたせることであってよい。もちろん戦争などのよくないこともあるのですが、日本だけ特別に悪かったわけではないと思うのです。そういうことは教科書に載っていないし、日本人の先生たちも知らない。私も外国へ行くまで知らなかったぐらいですから。

杉山● 戦後三十年経って、中国がまだ開放政策に移行していないころに、私の住んでいた街の人たちが日本人を招待してくれて、母が行ってすごく歓待されました。ふつうではなかなか行けない時代に、招待されて飛行機を乗り継いで行った。そのとき、「日本人のおかげでこの街がある。あのころがいちばんよかった」といわれたそうです。向こうの人たちも、わかっている人はわかっています。ですから五十年経って私が行って、トイレを借りるためにある建物に入ったときも、「日本人がこの建物をつくって残していったが、日本人がいたときはすごく繁栄していた」と話してくれました。

同じことは台湾にもいえます。日清戦争後に清国が台湾を割譲したといいますが、台湾は中国が統治していたわけではありません。放っておかれて、そばにあっただけの島でした。そのときの台湾は部族が百ぐらいあり、互いに言葉がつうじずにいがみあっていたのです。産業もなにもない。そんなとき日本人が統治をし、産業をつくって、言葉を日本語に統一した。そのようにしたのは、各部族の言葉がどれも共通語にならなかったからです。お互いに仲良くしようと統治したので、日本人は台湾の人たちからいまも感謝されています。

村上●李登輝《りとうき》さんも日本の武士道を讃えている。

杉山●そうなのです。いま、武士道は日本にはなくなっていますが、当時の日本人はすばらしかったと思います。韓国にも日本人が好きな韓国人はたくさんいます。でも反日教育を国としてやる。それを日本の若い人が聞いて、日本人は悪いことをしたのだと。中国でも「日本は悪い、日本人は悪い」と宣伝する。文化大革命のときには残留孤児が虐待されました。日本の若い人が聞いて、「日本人は悪いことをした、父親や祖父たちが悪いことをした」と認識してしまうのは、やはり問題です。

満州は未開拓の土地が多く、そこを耕して住んでもよかったのです。ただ、たくさん作物ができるようになると、馬賊が「俺のものだ」とやってきて、殺されて土地を奪われることも起こりました。安全は自分たちで確保しなければならなかったのです。でも、農地を開墾したり、産業を興すことはその国のためにもなることです。当時は、日本人がたくさんきて内地と同様に豊かな耕作地をたくさんつくってほしいと思われていた。もうなくなりましたが、旧満州の遼寧省《りょうねい》にある鞍山市《あんざん》に、日本人の力で新日鉄より大きい製鉄所がつくられていました。昭和二十年八月にソ連が参戦してその施設をすべて奪い去ってしまい、現在は製鉄所跡に小さな鍛冶屋みたいなものがあるだけです。石炭を見つけて露天掘りで採掘できるようにしたり、満鉄の鉄道網も日本が考案しました。いろんな産業を興したのです。

私のところは祖父の代から行っていました。日露戦争の前後です。祖父は田舎の大工でした。何軒も家を建ててもっていたのに、ぜんぶ置いてきてしまった。歳をとってから「俺の一生はなんだったのだろう」と嘆いていました。わが家は二階建てでしたが、五十年経って壊され、十数階のビルになっていました。でも甥が住んでいた建物は残っていて、訪ねて行くと現地の人が住んでいました。満州国について日本の傀儡《かいらい》国家などといわれますが、少なくとも満州に国ができる力があると思ったから国家にしたので、西欧諸国の植民地のつくり方とは違います。

日本が感謝されていることが知らされていない（村上）
悪いことをしたのが日本人だと認識させるのは問題（杉山）

村上●台湾には帝国大学を設置しています。植民地に国立の大学をつくるなんて考えられません。むしろ教育をせずに植民地のままにするはずです。

杉山●台湾国内をけっこう歩きましたが、この街は日本人の誰々が基礎をつくったという記念碑が立っていました。感謝されているのに、日本人がそういうことを知らないでいます。

村上●だから東日本大震災ではたくさんの義援金が台湾からきたのでしょう。それなのに、日本政府は台湾からきた学生には国交がないことを理由に震災補助金を出さないという。日本にも悪いところはあります。褒めすぎるのは問題ですが、いいところがあるということは教えてよいと思います。

危機をチャンスに変える

村上●でも、このたびの大震災以降、日本人の生き方や考え方が少しずつ変わりつつあるようです。

犠牲になられた方がたにはほんとうに申し訳ないことですが、このような危機は一種のチャンスでもあります。電通総研が意識調査をしていまして、明らかに日本人の生き方、考え方に変化があるということです。家族を大切にするようになった、他人のことを思いやるようになった、電気や水道が出ることのありがたさを知った、そういうことが報告されています。そして、「大震災で利他的な遺伝子が目覚めた」と書かれています。利他的な遺伝子は見つかっていないのですが、私たち研究者の一部では、あるのではないかと考えています。この震災は日本が世界で尊敬される国になるための大切なステップだと思って前に進まないと、亡くなられた方がたに合わせる顔がない。

日本に隠れていた力が今回、スイッチ・オンになったのではないでしょうか。私も杉山先生も戦争の悲惨さを知っているわけです。六十八年前に日本は焼け野原となり、何百万人という人が死にました。それから六十八年でここまでやってこられたのは、やはり日本人に底力があるからではないか。それをあらためて自覚しはじめたと思います。そういうことを教育に採り入れるべきです。たしかに放射能汚染が孫の代まで続くかもしれず、事態はいまなお深刻ですが、それも含めてこの事態をプラスに変える必要があるでしょう。

杉山●亡くなった方にはまことに申し訳ないのですが、今回の震災は日本人のよさをあらためて自覚する機会になったと思います。

神道にはほとんど教義がありません。祝詞《のりと》だけですね。先祖を敬う、先祖を大切にする日本人の気持ちだけです。神社をつくって、いい業績を残したがそれほど偉くはないふつうの人びとをお祀りする。教義はなくても、その人たちに負けない人間になろうという気持ちを基本にもっています。先祖を大切にすれば、同じ先祖をもつ者同士がお互いに一緒にやろうということになります。その象徴が天皇かもしれません。天皇でないとしても、自分の親や先祖、土地の偉人から影響を受けて大切にする。他の宗教や儒教のように「親を大切にしなさい」といわなくても、根本にそれがあります。

そういう気持ちを大事にしたい。こんどの震災でも、苦しんだのは他人ではなく、仲間が苦しんでいる、仲間が亡くなったのだという気持ちがある。それが大事です。

もう一つは、いろんなものについて魂を感じること。進歩主義の人は「ものに魂なんかあるはずがない、八百万《やおよろず》の神なんて迷信だ」などという。魂はなくても、魂があるように扱うのが大切です。針供養もそうでしょう。「よく働いてくれた」と。感謝して使っています。ところがそれがだんだんなくなってきて、いまではこれはモノだという。

役に立ってくれたことに感謝をする。使えなくなったら捨てるのではなくて、供養してあげる。「ありがとうございました」と先祖を祀るのと同じようにするのが日本人です。万物に魂がある、神が宿っている。すべてのものに魂を感じ、役立ってくれていることに感謝する精神をもつ。それを大事にしたいのです。

村上先生はご著書で、「人間は宇宙の物質でできている」と書かれていました。たとえば、針はたまたま針になったが、もとは宇宙のものであると。人間も針も宇宙のものでできあがっている。ひょっとすると私の身体の一部が将来、針になるかもしれない。

村上●可能性はあります（笑）。

杉山●ということは、針に感謝し、あらゆるものに感謝することは自分自身に感謝することにつうじる。いろんなものをもらって細胞はどんどん変わっていく。先生の遺伝子の話をうかがうと、日本の気持ち、日本人がよい心をもっていることを科学的に説明してくださっていると感じます。

さらにもう一つ。穢《けが》れを厭《いと》う。清らかさを大事にするということです。台湾の人たちがいっていましたが、日本の人は身だしなみがいいと。よく勉強するが、大声で話さない、教養があり、身だしなみがいい、親切だという。身だしなみがいいというのは、台湾の人曰《いわ》く、日本人を見るとだいたい単色なのだそうです。飾り立てない。神社を見てもじつにあっさり。仏教は荘厳に飾りますが、ごてごてしないほうがいい。それが日本人の美的感覚なのですね。だから着ているものも模様がないほうが多い。

村上●なるほど、シンプル・イズ・ベストですか。それは科学にもつうじていて、真理はシンプルです。ごてごてといい立てる人の話は聞かないほうがいい（笑）。

杉山●日本人のよいところを私なりに解釈したとき、清らかさ、シンプルさが基本だと思うのです。子供に話をするとき、それを自覚するだけで違うのではないでしょうか。教えるのは言葉で教える、学ぶのも言葉で学ぶ、それを覚えるのが勉強です。けれども、いま述べている日本人の魂や姿勢は言葉でいわなくても伝わります。私もいちおう言葉でいうのですが、人間には感じる心があると思うのです。

村上●大和魂という言葉は『源氏物語』にあるらしいですね。大和《だいわ》の心。戦争中に大和魂は軍国主義につうじるものとされていましたが、日本人は自然との調和をもってきたすばらしい民族だと思うのですよ。

杉山● 自然とともに生きるということですね。ヨーロッパの場合、自然は征服するものですが、日本では征服ではなく、一緒に生きることです。

村上● 征服なんてできるわけがない。地震にしてもそうです。地球は四十六億年前からあるのですから。地震学はせいぜい一五〇年。詳しくわかるわけがない。しかし、わかると思った傲慢なところが一部にはあったと思います。でも、肝腎なものはなくなりません。二千年続いてきた日本人の考え方はそう簡単にはなくならない。ただ、それを自覚せずに放っておいたらどうなるでしょうか。

見えないものへの畏敬と感謝

杉山● 一人ひとりが自覚的に、立派に生きようとすることが大切です。よいものを子供は感じることができる。日本には花見や雪見があります。美しいからといって、これは美しいと教えるわけではないのです。お母さんから「今日はきれいな夕焼けね」「きれいな花ね」といわれながら子供はそれを見て、だんだん美意識をかたちづくっていく。きれいだねといわれたものを見て、自分の心で感じて、美的感覚をつくる。薫陶《くんとう》を受けるとはそういうことでしょう。

よいものだといわれたものから吸収していくことが子供にとって大事なのです。

私たちの年代でなにがいけなかったかというと、日本人が本来やるべきことを「やってはいけません」とされ、また「自由に」と教育されたことではないでしょうか。中学生のとき先生から本を読めといわれて、私が「今日は読みたくありません」というと、「じゃあ次」と辞退させてくれた。次も読みたくないといったら、また「じゃあ次」。個性を尊重して本を読みたくない子は読まなくてもいいと放ったらかしにされた。そういうふうに碌《ろく》にしつけをされなかった私たちの世代は、いろんなところが駄目ですね。

だから、家内に「あなたは子供のお手本にならない」などといわれる。「おじいちゃんがこんなことするから、孫が真似をする」とわが子からもいわれる。よく真似をされるんですよ、悪いところだけはね（笑）。家庭教育の話をするのは苦手です。私自身が駄目ですから。私みたいな人にならないでください、というぐらいの話ならできますが。

村上●人間は自立しなければ駄目だとよくいわれるけれど、自立は下手をすると孤立になってしまう。悪くすれば周りとの調和から外れてしまう。社会から浮いた存在になってしまいます。だから、周囲とのつながりのなかで自立するということが大切です。

杉山●そうですね。いまの世の中、人間関係がだんだん希薄になっている。とくに都会はそうです。日本のよいところが失われつつある。人のなか、自然のなかで生きることをもっと大事にしたほうがいい。でも、私が感心しているのは、日本がそれぞれの地方の祭りを大切にしていることです。ずっと続いてほしいと思います。東京でもそんなお祭りがなくならないようにしてほしい。祭りをとおして人と人がつきあう。人が自然とつながる。行事が人と人、人と自然を結びつけるのです。こういう風習を大切にして、人間同士、人と自然とがつながる場をつくることが必要です。

村上● 神社にあるお神酒《みき》ですが、お酒は神とともに呑むといいます。最近は神がどこかにとんでしまって、人間だけで呑んでいるけれど（笑）。

杉山● そうですね。「いただきます」は誰にいっているのでしょうか。聞いた話ですが「給食費を払っているのだから、いただきますなんていわなくていい」という親もいるらしい。「金を払ったのだから勝手に食う」ということでしょうか。でも、もらっているものがあります。

自然と人のつながりの場や風習を大切にする（杉山）
大切な価値は目に見えないことを教える必要がある（村上）

命をもらっています。人の情をもらっています。つくってくれた人びとや、自然の恵みに対して「いただきます」といわなければならない。それなのに、自然や人とのつきあいもなしに、金さえ出せばいいという人が増えた。日本人が駄目にならないようにしなければ、と思いますね。

村上●まったく同感です。

動植物を育てるのに人間が果たす役割はわずかで、太陽がなければできません。水・土・光・空気……。大自然の不思議なしにはありえないわけです。動植物の命や、おおもとの自然への感謝が含まれているのが「いただきます」です。すばらしい日本語で、外国語に翻訳できません。給食をつくってくれる調理師さんや両親に対してだけでなく、大自然に対する「いただきます」でもある。「ありがとう」「おかげさま」「もっ

たいない」といった言葉も単純に外国語に訳せません。目に見えない価値への感謝があるからです。いまの教育では目に見えるもの、点数化できるものに価値を置きますが、心も命も、大切なものは目には見えない。大自然の不思議な働きも見えません。

ですから、教育によって目に見えないものへの感謝の念や、畏敬の念を教える必要がある。日本人はその敬虔な思いを二千年ものあいだ感じてきたのですが、戦後は希薄になってしまったようです。

杉山● そろそろ戦争の影響からも抜け出さなくてはなりません。子供の教育も大切ですが、先生の教育や親の教育こそが必要です。

村上● 全家研の「家庭教育五訓」では、第一文に「親は、まず、暮らしを誠実に」を掲げています。それは親だけではなくて、先生にこそ求められるものでしょう。子供たちはじつによく見ていますからね。■

特別篇

生命《いのち》をめぐる対話

村上和雄×

平澤 興

［註］本対談は、昭和六十二年に天理教道友社より出版された『生命の不思議』に掲載され、平成二十年にサンマーク出版より『生命をめぐる対話』と改題して再刊されたものの抜粋であり、このたび両社の許諾を得て掲載するものです。

Hirasawa Kou

●特別篇対話者　平澤　興（ひらさわ こう）

京都大学元総長・全日本家庭教育研究会初代総裁

明治三十三年（一九〇〇年）新潟県生まれ。京都帝国大学（現・京都大学）医学部卒業。スイス・ドイツなどに留学後、新潟医科大学教授、京都大学教授を歴任。医学博士。昭和二十六年（一九五一年）錐体外路系の研究により日本学士院賞受賞。同三十二年、第十六代京都大学総長に就任。のちに同大学名誉教授。同四十五年、勲一等瑞宝章受章。京都市立病院院長など数多くの公職を歴任する。同五十五年、全日本家庭教育研究会（全家研）初代総裁に就任。著書『脳と脊髄』『医学の足跡』『人間 その無限の可能性』『生命の探求者』など。平成元年（一九八九年）歿。郷里の新潟市味方に業績を顕彰する記念館がある。

生きていることの不思議

村上●先生は今年［編集註——一九八六年］、八十六歳になられたとお聞きしますが、私が学生としてお会いした三十年前のころとほとんど変わっておられなくて、いよいよお元気ですね。

平澤興（以下、平澤）●八十六歳になって、いよいよ〝本当のことはなかなか分からん〟ということが、しみじみと分かってきました。生命というもの、特に人間の生命を考えればまったく不思議そのもので、その真相はやっとこれからのことでしょう。

村上●ところで、まず先生ご自身の幼いころのことから語っていただけたらと思うのですが。

平澤●私が人生の問題を考え出したのは、旧制高校一年の終わりごろからなんです。勉強するのもいいけど、何のために勉強するのか、何のために生きるのか、ということがだんだん疑問になってきて、高校二年から大学を卒業するまで、夏休みは全部、当時はきわめてへんぴな新潟市から程遠からぬ日本海岸の一漁村の越前浜にある浄土真宗の西遊寺というお寺へ行き、学校の本は一切勉強せずに、もっぱら、人間とは何ぞやというようなことに取り組んで、古典、哲学、宗教、倫理、伝記、歴史などの本も読みながら考えました。しかし、考えれば考えるほど分からなくなるのです。そういうことがあって、天理教の教祖の勉強もしました。大学へ入ったころですかね。同じころ、イタリア・アッシジの聖フランシスコの『小さき花』なども読みましたし、また、親鸞《しんらん》も読みました。また、キリスト教の聖書や、論語などいろいろの古典も読みました。これは深く人生を考えるような場合には、一度は通らねばならない道だろうと思います。

私は、宗教学的な立場から宗教を求めたのではなく、人間いかに生きるかという、その一本の杖《つえ》として宗教を求めたのです。親鸞も、キリストも、聖フランシスコも、私の心の中では矛盾しないのです。今日の生活を、本当にその教えそのままで生きようとすれば、どれも真に素晴らしいんです。〝陽気暮らし〟という言葉一つを聞いても、〝世界一れつみなきょうだい〟の話を聞いても、それを本当に身につけて実行していったら、神に近い生活ができると思います。頭の中で、それをいろいろと説明して、自分流に格下げしている人が多いから、結局、どの教えを学んでも進歩しないのです。

村上●本当に身につけて実行するというところが大事な点ですね。

平澤●いのちとは何か、生きているとはどういうことかという疑問は、年をとるにつれ、〝いまでも分からん〟ということがだんだん分かってきました。本当に勉強すると、いよいよ生きるとは、分からんほど不思議なことである。究めても究めても分からんほど不思議なものであるということが分かってくる。勉強が足らないから〝分からん〟ということが分からんのです。

高校二年のときに、そういう疑問を出したが、解決したかというと解決しない。しかし、いよいよ医学を修めることによって、究めれば究めるほど不思議である。いまも、専門の学問では部分的にはたいへん細かいことを言いますが、調べても調べても分からんほどの、またいよいよ感心するような、そういう合理的な仕組みがどうして行われているか、元の元の起源は科学でもちょっと調べようがないですね。というより、調べれば調べるほど、新しい不思議な要素が出てきます。細胞一つでも、全宇宙ほどの不思議がありますから、それによって今日生かされていることは不思議そのものです。だから、生きているとは何か、人間とは何か、と聞かれれば、「分かりません」と答えるほかありません。分からんが、同時に尊いものである。そういういのちを与えられたことに対して、手を合わせたくなる。これが、現在の私なんです。

村上● 手を合わせて祈るということは、陽気暮らしの精神につながると思いますね。私も最近、研究を通してやっと、先生が言われた〝分からない〟ということ、つまり、いかにいのちがすごいもので、不思議なものであるかが、少しだけ分かった。それがありがたいと思います。

平澤●陽気暮らしは、動物でも本能的にはおそらくあるでしょう。本能というもの自体が陽気暮らしに向かっているんです。人間の陽気暮らしは、本能だけではない、本能を乗り越えたさらに高いところにそれが意識的に与えられるのでしょう。たとえば性は、動物でも、子孫を維持してゆくためには尊いものですね。もちろん、人間の場合でもそうですが、ただ、動物的にがむしゃらに性を使ったのでは人間としてはいけませんね。人間は本能的な性生活のほかに、それをさらに高いかたちで芸術にし、文学にし、哲学にする。それはみな広い意味で陽気暮らしでしょう。

あほうが神の望み

平澤●良寛の場合を考えてみましょう。意地の悪い船頭がおって、途中で良寛の乗った舟をひっくり返すんです。それで良寛が何と言うかと思うと、帰りのときに良寛は、「どうもありがとうございました。おかげでいのちをたすけていただきました」。意地悪などという考えは良寛にはまったくなかったんですね。

村上●「あほうが神の望み」という言葉がありますが、非常に意味深い言葉だと思うんです。

これは、頭がいいか悪いかを問題にしているのではなくて、人生で事に当たるときの心構えを教えらえているんです。頭ではなく、心のあほうですよね。何の私利私欲も考えない生き方だと思いますね。

平澤●これは哲学の言葉ですね。そこには、一切の駆け引き、計略、知識などがありません。そこまで行ったら、人間もそのまま神であり、仏なんですね。しかし、そうなるには段階があって、いくら勉強しても、せいぜい分かったつもりぐらいで、本当に分かるまでにはよほどの修業がいる。それからやっと分かったことをからだで具体化するのです。そういういろいろの段階があるだろうと思います。「あほうが神の望み」、素晴らしい言葉だと思いますよ。

村上●これが身につかないと、信仰とは言えないのではないかと……。

平澤●この言葉の心が分かって、実行できれば満点ですね。これは、学士になっても分かりませんよ。その代わり、学士にならなくても、本当に心を尽くして大根を作り、稲を作っている人ならば分かるのです。「あほうは神の望み」などという言葉は神の言葉で、宗教を超え、時代を超えた言葉ですね。どの職業でも、仕事そのものを道楽で楽しんでやるところまで行けば、この言葉の意味もある程度分かるでしょう。

村上●理屈ではありませんからね。こういう素晴らしい言葉を、一般のわれわれが理解するためには、それぞれの与えられた仕事を、本当に本気で、死にもの狂いでやってみるしかないと思うんですが。

平澤●どの仕事でも、なかなかそれから思うようにいかず、失敗をしますね。だがこの失敗は、本当に人間としてなるためには、成功以上に大事なことですね。成功によってプラスになる面もありますが、よほどしっかりしていないと、成功がかえってマイナスになる場合も多いのです。うぬぼれてみたり、高慢になったり、肩書きを並べて、いい気持ちになったりしてね。だから、頭で損得を考えたり、利害関係を考えたらいけないわけで、いつも最善を尽くして人様のためになるように努力することを言われているんですね。神様が喜んでくださるような「あほう」になる。賢い人間はたくさんいますが、こういう「あほう」はなかなかいませんね。しかし、世界一の学者になるような人なら、だんだんと本当の意味の「あほう」の賢さを身につけて、神に近くなりますよ。

村上●これまでの歴史を見ても、世界的な学者といわれた人は、少なからず宗教性を身につけておられますね。アインシュタインにしろパスカルにしろ、大自然の前には頭を下げておられます。

平澤●アインシュタインは、ユダヤ教であるがために苦労をしています。「学者であっても宗教性の分からない人は偉大な学者にはなれない。また、宗教家であっても科学の分からない人は偉大な宗教家にはなれない」という意味のことを言っております。宗教と科学とは別々のものではないのであって、双方の心に通じなければ本物になれないということでしょう。これは本当だろうと思います。

日本では、湯川秀樹博士が、本当の意味の宗教的なものを持っていました。彼とは親友でね、二人そろってある女学校の卒業式に招待されたとき、私が「頭の回転が遅くて困っておる」と言うと、湯川さんは、「私は先生以上に困っています」と言うわけです。ノーベル賞をもらうほどの頭だと、そういうことが分かるんですね。これはいわゆる謙遜《けんそん》ではなく、真実なのです。すぐ分かった気持ちになるような軽薄さではなく、安っぽく物事を考えないから分からんというとが分かるのです。そういう人には、科学をすることによって、人がとかく忘れがちの宗教性も見えてくるのです。

〝夢〟と〝祈り〟が人間の可能性を引き出す

村上● 私どもは、生物の遺伝暗号を読んでいるのですが、微生物も植物も動物も人間も、基本的には同じ遺伝暗号を使っている。そのことからも、生命の元は間違いなく一つであろうと思われます。こういう研究をしていますと、生命の不思議、それも壮大な大自然の仕組みは、いったいだれがつくったんだろうと思わざるを得ないんですね。

平澤●思えば、人間だけでなく、草も木も動物も、いのちあるものはみなきょうだいなのですね。

村上●大自然の営みを、私たちはただ当たり前のように思っていますが、そうではなく、何らかの意志の力が働いていると思うんです。一つの細胞から人間になるには、プログラムが必要です。プラモデルを作るのにも、家を建てるのにも、設計図が必要です。それと同じように、人間になる設計図がなければ人間にならない。遺伝子の中にそのプログラムが入っているわけですが、もちろん人間の力で書き込んだものではありませんから、人間として生まれてくることは、たいへん不思議なことなんですね。

平澤●そのとおりですね。人間、幸福を願わない人はいませんが、私はいま、基本的な三つの幸福に感謝しています。第一に、人間に生まれてきたということ。第二に、今日も健康であること。第三に、無限の可能性が与えられていることです。

無数の生物の中で、一番高等な人間に生まれてきたということは、自分で計画して生まれてきたのではありませんが、私にとってこれほどありがたいことはないのです。神を信じ仏を信じることができるのも人間に生まれてきたからです。動物にも神や仏はあるはずでしょうが、動物はそれを感じ得ないのです。運よくも人間に生まれてよかったなあ、としみじみ思います。あそこにもここにも人はたくさんおりますが、しかし、これは当たり前ではなく、また平凡でもなく、これほど不思議なこと、幸運なことはありません。

第二の幸せは、今日の健康。これもみな、当たり前のように思っていますが、病気をしないことは、私はまったく不思議なのです。六十兆もの小さい命、肉眼では見えない細胞なる小生命が集まって一人の人間をつくっているのですから、それがよく調和をして、健康を保つということはなみなみならぬことです。地球を考えればすぐ分かりますね。地球上ではわずか五十億の人口［編集註――対談当時］しかないのに、いつも大騒ぎをしていますね。われわれは、その何万倍もの小生命をからだの中に持ちながら平和であり、健康なのです。これは、自分の力というより、生まれるとき自然に与えられた力です。

第三の幸福は、生まれながらにして人間には無限の可能性を与えられているということ。人間の脳の上部にある大脳表面には、生まれながらにして百四十億の神経細胞が与えられて、どうぞそれを利用するようにということです。利用するということは努力することです。努力さえすれば、そこに限りない可能性があるのです。しかし、どんないい頭でも、使わなければどうにもならない。インドの狼少女《おおかみ》の話でも、それはよく分かります。人間でも、狼に育てられれば狼のようになってしまう。人間の肉体的生命は動物的であり、その上に精神的生命があり、その意味では、人間は本質的に半分は動物、半分は神で、半獣半神だと思うんです。人間こそは不思議そのものの生物です。

人間は、生まれるとき、まず母親の胎内に十カ月いるのですが、この間に、原始生命から人間までの三十数億年の生命の歴史を繰り返すんです。受胎したときは下等な動物でだんだんに進化するので、たとえば魚のようなときもあり、その姿で生まれることもありますが、そういうときは、たいがい死産です。無事に人間に生まれてくるということは、考えれば考えるほど不思議なのです。

村上● 人間として生まれてきても、その後の努力が何よりも大事なことだということが分かります。

平澤● 人類は、まだまだこれからだと思います。ただ将来、人間に与えられた可能性をいかに生かすかですね。現在は不思議な時代で、一方ではレジャー時代かと思えば、一方ではノイローゼ時代なのです。「レジャー」という言葉は、語源的には暇ではなく、実は「許されてある」ということです。許されてあるとは、仕事の義務を離れて自由を与えられているということで、キリスト教などでは、「神と共に在《あ》ることを許されていること」という意味にもなり、日曜に教会へ行くというような意味にも使われたようです。

いまのレジャーは違いますね。時間的なゆとりを遊びなどに利用することに使っていますね。しかし、時間的なゆとりがあることと、心のゆとりがあることは別なんですね。時間的なゆとりを上手に、心を和らげるように使うかどうかは一つの技術であって、現代の社会はそうなってはいませんね。遊び疲れています。

できれば、レジャーを心にゆとりを与えるように使えれば、すなわちレクリエーションに使えればと思いますね。レクリエーションとは疲れを癒《いや》す、からだをつくり直すということです。現実には、たいがいの人がレジャーを遊ぶことで、休日には、かえって疲れてしまう。レジャーを上手に使って、心とからだの安らぎを得るようにしなければ、レジャー時代は人間をますます堕落させ、ノイローゼ時代にしてしまう。

村上●たとえば、休日に物事を深く考えることも、レクリエーションの一つだということですね。安らかさを得るためには、やはり、人間のいのちの元にふれる――宗教的な意味ですが――ことも必要だと思います。

平澤●やはり、楽しんで考えるとか、楽しんで信仰するとか、そういうことだろうと思います。レジャーがあるにもかかわらず、人間はだんだんと神経質になって、いつも、後ろから追われているような感じになる。これは、ある程度、現代では世界に共通の現象ですね。こういう状態ではからだも心も弱りますから、人間には無限の可能性を与えられているといっても、これを可能にするだけの元気がなくなり、持っているものを一〇〇パーセント利用することも、楽しんで努力をすることもできなくなる。何としてもまず望ましいのは、喜びながら努力をする体力です。だから、仕事でも、外から強制された仕事ではなくて、自分が道楽としてやるような心がけが大切です。心に安らぎを持つには、健康的に楽しまねばなりません。そのためには、〝夢〟と〝祈り〟が必要です。夢とは、自分の能力以上にやろうという気持ちですね。祈りとは、最善の実行をしながら、さらに神の力をたのむ心です。

最善を尽くし〝心のあほう〟に

村上● 先生は、お若いころから、常に前進を心がけてこられたのだと思いますが、それには目標があったと思います。具体的には、どのようなことをされましたか。

平澤● 旧制中学の四、五年ごろから、毎年の年の暮れには二週間ぐらいはほとんど人と面会せずに、過ぎた一年間のことを考え、それを基にして同じ失敗を繰り返さぬよう新しい年のことを考えました。一番大事なことは、自分が自分に約束したことは絶対に守るということです。言葉では簡単ですが、実際にこれを守るには、非常な努力がいります。

村上●「心定め」ですね。

平澤●それで一番苦しんだのが大学に入学した年でした。高校は一番で卒業しましたが、それはただ教えられたことをそのまま学んでのことで、むしろ内心では空《むな》しく感じていました。そして大学では点数などというものは考えずに徹底的に積極的に勉強しようと思い、講義のほかに原書も読み、自分自身のノートを作ろうと決めたのです。ところが大学に入ってみると、医学部は忙しく、朝の八時ごろから夕方の五時ごろまで実習がありますから、なかなか原書まで読めないんです。しかし、自分に約束したことはどうしてもやらなくてはならないと思いつめて、ノイローゼになってしまいました。その学期は途中から大学にも出ず、郷里の新潟に帰って雪原を歩きながら考えたんです。自分に約束したことが実行できないようでは、大学に出ても意味がないのではないか、そんな人間が何になれるか、と思って苦しんだのです。

村上●そのときお寺に行かれたわけですね。

平澤●初めてお寺へ行ったのは高校一年の夏休みで、ずっと前です。この話は京大一年の一学期、すなわち大正九年（一九二〇年）の九月から十二月までのことです。郷里へ帰っての十二月のある日のことでした。雪の野原をさまよっていると、ベートーベン二十五歳の自戒の言葉が幻聴として聞こえてきたのです。ベートーベンは音楽家でありながら耳を悪くし、それがだんだん悪くなり、二十五歳のときにさすがの彼もくさって失望落胆したのです。ベートーベンは強情・我慢の人間のように言われますが、決してそうじゃなくて、すべて偉大な人がそうであるように、彼も鍛えに鍛えて自らをつくった人です。その自戒の言葉はこうです。

「たとえ肉体にいかなる欠点があろうとも、わが魂はこれに打ち勝たねばならぬ。二十五歳、そうだ、もう二十五歳になったのだ。今年こそ、いよいよ本物になる覚悟を決定せねばならぬ」

こう、二十五歳の彼の日記帳に書いてあるのです。ノイローゼになると、ないものが見えたり、音がないのに聞こえたりするんですが、ベートーベンのこの言葉がドイツ語のままでノイローゼの私に幻聴として聞こえてきたんです。私は電気にでも打たれたように目が覚めました。偉大なベートーベンでさえも、これほどの苦労をしているのだ。しかも彼は二十五歳。私はそのとき二十歳なのです。自分のようなボンクラが迷うのも無理はなかろう。そうだ、やることだ。とにかく、やれることだけやってみよう、と私はあらためて覚悟をしたのです。

大正十年（一九二一年）の一月から正確な目標をたて、毎朝二時に起きて、夜は十時ごろまでやりました。大学に入った当初の目標どおりにはいきませんでしたが。しかし、原書を読みながら積極的に勉強するという大きな方針は生かしました。これが、私にとって一番苦しいときでした。しかし、運よくも大学で最初の試験を受けたときの先生は、当時すでに世界的な石川日出鶴丸教授でした。先生は私の答案が素晴らしいと言ってほめてくださいましたが、私も本当にうれしかったですね。

やっぱり人生は、汗をかかなくてはいかんのですね。汗をかいて、最善を尽くす。本当に最善を尽くせば、失敗をしてもくさらないですよ。これは、面白いです。思い煩《わずら》うのは、最善を尽くさんからです。

村上●先生は、一生、大学の助手でもいいというお考えだったそうですね。

平澤●卒業して一年四カ月後に助教授にしていただいたが、私は人生を急ぐことは考えなかったので、実は二度もお断りしたのですが、ついに最後に「命令」ということで助教授になりました。

村上●覚悟することが、「心定め」ということですね。先生には天の味方もあったと思いますが。

平澤●結果から見ると、そうですね。要するに〝あほう〟になればいいわけですよ。生涯、助手でもいいというような心にね。本当にそう思いましたよ。

〝あほう〟というのは、そういうことだと思います。本当に命をかけて、あることをやろうという情熱と実行があれば、不幸な人生というのはないと思いますね。でこぼこのない人生では、とても真の意味での一人前の人間にはなれないでしょう。不幸のときに、それでくさるようなケチな人間ではいかんと思う。賢い人間はくさる。あほうな人間はくさらない。信仰というのは、どんな立場や境遇にあっても、あほうのままで心から喜ぶことでしょう。

村上●そうですね。「いつまで信心したとしても、陽気づくめであるほどに」という教えもあります。

平澤●七十歳になろうが八十歳になろうが、陽気暮らしが本当にできるようになれば、さらにその日その日の成長があるでしょう。学問もそうです。「いつまで学問したとても、真理暮らしであるほどに」。真理の道は行けば行くほど限りないということです。真理暮らしになってくると、分からんことはますます多くなるが、しかし、不思議なことに、いよいよありがたさは増してくるのです。

村上●そこで、宗教と科学が一致するようになるわけですね。

平澤●そうです。真理暮らしの最後はこうです。「今日もよし、明日もまたよし、明後日《あさって》も。よし、よし、よし、と暮らす一日」。学問の道も、陽気暮らしの道も、結局、同じことだと思うんです。この教えは素晴らしいですよ。ひらがな宗教という偉大性、真理性は、人類の文化の理想です。〝世界一れつみなきょうだい〟という言葉は誠に感心するよりほかありません。見かけは一見平凡ですが、内容そのものは真理の極限です。直観でありながら、だれもが考え及ばぬような偉大さ、非凡さがあります。

村上● 全世界に向かって発せられるメッセージですね。これを、胸を張って言えるだけの信念を持ちたいと思います。そのためには、〝あほう〟になれ、ということですね。

平澤● 分かったつもりではなくて、本当に分かるように努力し、感動すること。〝あほう〟になれるほどの人なら、どこへ行っても一流になれますよ。どこへ行っても、本物になれますよ。

村上● 人間の心の中に神の思いがひそんでいて、それにふれたときに感動するのだと思いますね。そして、神の思いが自分の内で働いたときに素晴らしい仕事ができるのだと思います。■

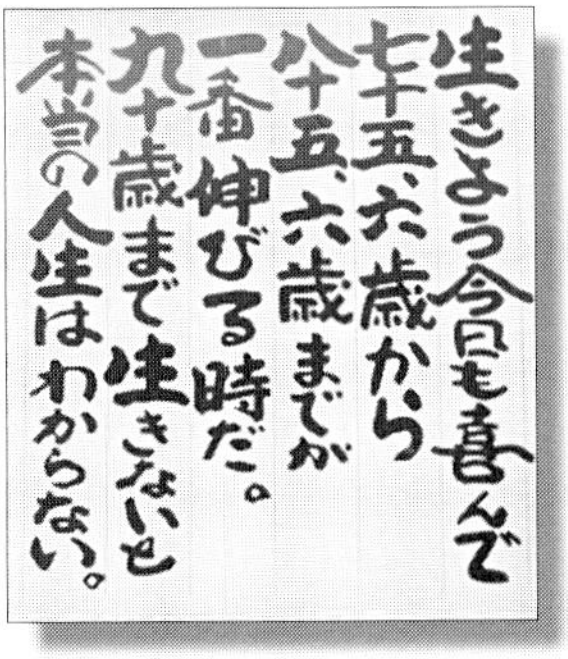
生きよう今日も喜んで
七十五、六歳から
八十五、六歳までが
一番伸びる時だ。
九十歳まで生きないと
本当の人生はわからない。

平澤興墨蹟

あとがき

「日本は二十一世紀には大切な国になります。日本の出番が必ずきます。」

チベット仏教の最高指導者でノーベル平和賞受賞者のダライ・ラマ法王が、私にそう話されたのは二〇〇四年（平成十六年）のことです。そのとき託された法王の願いを、八年目にようやくかなえることができました。二〇一一年十一月六日・七日の両日、日本を代表する科学者十一人を招いて「ダライ・ラマ法王と科学者との対話――日本からの発信」を開催したことがそれです。このとき、法王は次のように述べられました。

「二十一世紀に人類はいろんな難問に直面します。その難題は科学だけでも宗教だけでも解決しません。宗教がもたらす人間性への深い理解と現代科学の知見を融合することによって、苦難を克服しなくてはなりません。」

では、なぜ二十一世紀に日本が大切な国になるのでしょうか。日本人は西洋の科学・技術を取り入れて経済大国になりながら、西洋のように自然に敵対することなく、むしろ自然を敬い、自然と共に暮らし、周りの人と助け合いながら生きてきました。この伝統的な調和の精神や文化こそ、混乱と不安にみちた現代世界に必要だと法王は考えられたのです。

二十一世紀は日本人の出番であると私自身が思いはじめたのは、忘れもしない二〇一一年三月十一日に起こったあの東日本大震災でした。

震災という大きな不幸のなかにあって、私たちは一筋の光明を見出しました。それは被災地の住民の姿であり、さらには被災地に寄せる日本国民の一体感、絆です。震災を前後して日本人の意識が変わったと感じた瞬間でした。被災された方がたの耐える姿、他者を思いやる姿を見て、「日本人とは本来こういうものであった」と、私と同様、多くの人が感じたはずです。近年の日本人が見失いかけていた、この列島に生きる人間の美しさ、逞しさです。この日本再発見がけっして独りよがりでないことは、震災に際して海外メディアがこぞって日本人のすばらしさを賞賛したことによって裏づけられています。

震災後、私が総裁を務める全日本家庭教育研究会（全家研）が小学四年生から中学三年生を対象に調査を行ったところ、被災地はもちろんのこと、全国的に子供の意識が大きく変わっていることが明らかになりました。生きていることへの「感謝」とともに、「学校に通えることを幸せと感じるようになった」「家族や友だちを大切に思うようになった」という「ありがたさ」や、「人のために役立つことをしたい」という助け合いの意識が高まっています。さらに、自分の国を大事に思う気持ちが芽生え、「世界のなかの日本」の姿について考える視野の広がりがみられるようになった、と報告されています。

イギリスのBBC放送が二〇一二年に読売新聞などと二十二カ国で行った世論調査では、「世界によい影響を与えている国」として、最も評価が高かったのは日本でした。調査は、国際社会に影響を及ぼすとされる十六カ国と欧州連合（EU）を対象に実施され、約二万五〇〇〇人から回答を得ています。日本を高く評価している理由として、日本の経済・製品・サービス、そして伝統と文化を挙げています。

ところが、当の日本人がいちばん日本のよさをわかっていないのではないかと思うほど、日本人の自国に対する評価は低いものでした。先のBBCが行った調査によると、日本国民の日本への評価は「世界によい影響を与えている」が四一パーセントで、調査対象二十二カ国中これより数字が低かったのは韓国と中国だけです。「悪い影響を与えている」と答えた人も九パーセントいました。

これは、戦後教育がもたらした弊害の表れではないでしょうか。日本の歴史を正しく教えず、すばらしい先人がいたことに学ぼうともしない。他国に迷惑をかけた負の部分を強調するあまり、歴史の大切な部分や学ぶべき先達を黙殺するに等しいことです。むろんよくないところもありましたが、そこだけを見ても歴史を学ぶことはできません。根拠のない自画自賛は困りものですが、日本はもっと自尊心を取り戻すべきです。少なくとも、自身の歴史について私たちは襟を正して学ぶべきではないでしょうか。

世界と日本はいま歴史的な転換期にさしかかっています。この大切な時期をのりこえていくには、子供たちが自国の歴史と伝統を正しく知り、自信をもって世界の難問の解決にむけて努力するようにならなくてはなりません。そのために果たすべき教育の役割は大切です。本書に収録されている五人の対話者のみなさんは、いずれも教育現場を長年にわたり経験された賢者であられ、教育のあり方について身をもって培われた深い見識を真率に語ってくださいました。あらためて深甚の敬意と感謝を申し上げます。

また「特別篇」として最後に収録したものは、私が「こころの師」と仰ぐ故・平澤興先生と行った唯一の思い出深い対談です。このなかには宗教・哲学・科学についての先生の総合的な見識が語られ、明日の教育に資する大切な要素が含まれていますので、旧版刊行社の快諾を得てあえて収録したしだいです。私にとりましては、これらの対話が日本の教育再生にいささかなりと役立つことにまさる喜びはありません。

平成二十五年十一月

村上　和雄

村上和雄（むらかみかずお）略歴

筑波大学名誉教授、全日本家庭教育研究会第五代総裁

昭和十一年（一九三六年）奈良県生まれ。同三十八年、京都大学大学院農学研究科農芸化学専攻、博士課程修了。同年、米国オレゴン医科大学研究員。同五十一年、米国バンダビルト大学医学部助教授。同五十三年、筑波大学応用生物化学系教授となり、遺伝子研究に取り組む。同五十八年、高血圧の黒幕である昇圧酵素「レニン」の全遺伝子情報の解読に初めて成功し、世界的に注目を集めるとともに、遺伝子工学の分野で世界をリードする第一人者として脚光を浴びる。平成八年（一九九六年）日本学士院賞受賞。同二十年、全日本家庭教育研究会（全家研）第五代総裁に就任。同二十三年瑞宝中綬章受章。おもな著書に『生命の暗号』『人生の暗号』『サムシング・グレート』『生命のバカ力』『そうだ！絶対うまくいく！』『アホは神の望み』『幸せの遺伝子』『奇跡を呼ぶ100万回の祈り』『人を幸せにする「魂と遺伝子」の法則』『スイッチ・オンの生き方』『ＳＷＩＴＣＨスイッチ』『科学者の責任』『今こそ日本人の出番だ』などがある。

［収録データ］

対話1――平成二十三年七月二十三日　ホテルグランドパレス（東京）蘭の間
対話2――平成二十四年四月二十四日　ホテルグランドパレス（東京）牡丹の間
対話3――平成二十五年四月二十二日　ホテルグランドパレス（東京）牡丹の間
対話4――平成二十三年九月一日　一燈園（京都山科）月之間
対話5――平成二十三年七月二十七日　ホテルグランドパレス（東京）牡丹の間
特別篇――昭和六十二年『生命の不思議――バイオ新時代を生きぬく知恵』（天理教道友社）に初出、
平成二十年『生命をめぐる対話』と改題されサンマーク文庫版に再録。

明日への叡智《えいち》——村上和雄 いのちの対話

平成二十五年十一月一日　第一刷発行

著　者　村上和雄ほか

発行者　中川栄次
発行所　株式会社 新学社
〒六〇七—八五〇一 京都市山科区東野中井ノ上町一一—三九
電話　075—581—6163
FAX　075—581—6164
http://www.sing.co.jp

印刷・製本　大日本印刷株式会社

ISBN 978-4-7868-0218-8　C0095

子育て応援 本

新刊

子どもの遺伝子 スイッチ・オン！

村上 和雄 著

遺伝子研究の権威が語る。**新しい子育て論**。

● 定価： 本体 1,200 円 + 税
● ISBN：978-4-7868-0219-5

子育てのヒント

外山 滋比古 著

150万部のロングセラー「思考の整理学」の著者が、**“家庭という学校” での教え方**をわかりやすく伝えます。

● 定価： 本体 1,000 円 + 税
● ISBN：978-4-7868-0190-7

子どもが変わる「育て言葉」

辰巳 渚 著

2人のお子さんを子育て中の著者が、世のお母さん・お父さんに贈る**愛情豊かなエッセイ**。

● 定価： 本体 1,200 円 + 税
● ISBN：978-4-7868-0206-5